右脳教育で“知の器”は無限大に！

「天才脳」は12歳までに育つ

有限会社スキップヒューマンワーク
代表取締役 喜納康光 著

合同フォレスト

はじめに

子どもたちの可能性は無限大

子どもは、一人ひとりが「知の器」を持っています。知の器は、小さい頃はおチョコのように小さかったり、お皿のように平べったかったりします。ですから、たくさん溜めることができず、すぐに溢れてしまいます。

その器を、小学生までに大きく広げておくと、教えたことがいくらでも入っていく子になります。

同じ小学生でも器のサイズが小さい子は、学んだことがすぐにてんこ盛りになって、コロコロコロッと器からこぼれてしまいます。たくさんは入らないのです。それに対して大きな器を持っている子は、いくら教えてもガンガン入ってしまうのです。

大きな器、つまり「天才脳」です。

大人の仕事は、子どもの持つ知の器を大きく育てる、その手助けをすることだと思っています。

では、知の器はいったい、どこまで大きく広げることができるのでしょうか？
日々、子どもたちと接していると、その可能性は無限大だと知らされることばかりです。
数年前にも、こんな出来事がありました。

私が担当していたクラスの生徒たちは、みんな円周率を５００ケタまで覚えていました。

「どんなスパルタ塾か！」と思われる方もいらっしゃるかもしれませんが、教室はいつも笑いが絶えませんでした。子どもたちにとって、授業は遊びそのものだったのです。円周率５００ケタを覚えるのも、楽しい遊びの一つです。５０１ケタ目から先は教室では教えませんが、子どもたちは「もっとやりたい！」とせがんできます。

その日も私は「続きに挑戦したい生徒は、自分でやってみて」と言って、希望する生徒に５０１ケタ目以降のプリントを渡して授業を終わりにしました。

すると、しばらくたって、ある小学2年生の女の子が私に「先生、私、５０００ケタまで覚えたよ」と言ってきたのです。

これには私も耳を疑いました。

しかし、その子は私の力を一切借りずに、本当に自分ひとりの力で、５０００ケタを覚えてしまったのです。

専門家によると、右脳の1秒間の処理能力は、左脳の10万倍とも１００万倍ともいわれますし、右脳教育を実施している現場でも、その指摘は正しいと実感しています。

実際に右脳を使って勉強すると、楽しいことに加え、短時間で大量に吸収できます。そのうえ記憶の定着も長期的です。これは、長年の経験から自信をもっていえることです。

塾で円周率を教えるのは、「円周率を覚える」ことが目的ではありません。知の器を広げるためです。右脳を上手に使える頭脳を作るためなのです。

私は少しその手助けをしただけ、きっかけを与えただけです。

しかし、それだけで、子どもたちの知の器は、私たちの想像をはるかに超える成長をみせてくれることを、この子が教えてくれました。

右脳教育はなぜ12歳までが効果的なのか？

右脳をうまく使える頭脳を作るには、この本のタイトルにもあるように、12歳までに訓練を行うのが効果的です。

そう言うと、「12歳を過ぎたら、もう右脳教育はできないのか」という疑問が出てくると思います。

実際、私の塾では中学生クラスでも右脳の訓練を行っていますので、中学生でも十分効果はあります。

ただ、右脳教育には親御さんの関わりがとても大事なのです。

小学生までは甘えてきて素直だった子も、中学生になり思春期に入ると、親への態度がガラッと変わることがあります。女の子は男の子より早く思春期に入りますので、小学校高学年頃から変わる子もいます。

程度の差はあれ、親子の会話が減り、親のほうから話しかけたり、関わったりしようとすると、避けられるケースが増えます。

ですから、12歳を過ぎると、塾では効果があっても、家庭でこの本のとおりにやってみようとしても、ちょっと難しい可能性があります。

以上の理由から、右脳教育は親子関係が濃密な乳幼児期から始めたほうが効果が出やすいのです。

人間の脳は、生まれた直後は350グラムほどですが、その後、急速に成長し、6カ月で2倍になり、3歳で成人の脳の80％に達するといわれています。

群馬大学医学部の名誉教授で神経生理学者の故・高木貞敬氏は、「これから脳の神経細胞がどんどん伸びて、新しい神経連絡部を作っていこうとする大切な乳幼児期に、どのような教育を与えるか、どのような環境で育てるか、ということが脳の神経細胞の働きに、決定的な影響を与える」と報告しています。

さらに「幼児がどのように、何を教えられるか、また、どれだけ熱心に、どれだけ長くいろいろなことを体験し、学ぶかによって、脳の神経の発達にはっきりとした違いが現れてくる」と言っています。

現代は共働き家庭が多く、仕事、家事、育児の3役をこなして頑張っている親御さんがほとんどでしょう。もしかしたら介護を同時にされている方も、いらっしゃるかもしれません。

しかし、「忙しいから子育ては一時ストップ！」というわけにはいきませんし、子どもの脳の発達も待ってはくれません。

忙しい中でも、子どもの脳の成長の黄金期を逃してしまわないように、まずはそう意識することから始めていただきたいと思います。

学力を伸ばすのは簡単。でももっと大切なことがある

私は沖縄で塾の経営を始めて35年になります。

当初は、小中学生の受験生を対象に教えていました。しかし、「同じ学年でも学力の差が大きい場合があるのはどうしてだろう……」と思うようになり、学年を下げて、小学1年生から指導してみることにしました。

ところが、1年生でもすでに差がついていると感じ、ならば幼児から、と対象年齢をさらに下げたのですが、関わってみるとそれでも差がある。実は、1歳でもう差がついていることに気がついてしまったのです。

それが、私が本格的に幼児教育を始めるようになったきっかけです。

その後、当塾を卒業していった高校生からの要望に応える形で大学受験部門を併設し、

現在では県内で唯一、胎教から大学受験までの一貫教育を提供するようになりました。その結果、難関中学、高校、大学進学における合格実績は、県内トップクラスになりました。学力は、右脳を育てることで間違いなく伸びます。学力を伸ばすことはそれほど難しくはありません。

しかし、私の最終目標は、ただ第一志望の学校へ合格させることではありません。それよりも大切なことは、自分の頭で考えられる、人間力の高い子どもを育てることだと思っています。そのためには、知の器をできるだけ大きく育てることが大切だと思うのです。

私はかねてより、塾で教えているメソッドは、子どもと関わる時間が長い家庭で行うのが一番効果的だと考えていました。ですから今回、読者の皆さんにお伝えする場ができたことを、大変うれしく思っています。

この本で紹介するメソッドを実践することで、子どもの脳力がアップすることは間違いありません。同時に、親と子の関わりも、素晴らしいものになると確信しています。

塾では毎月、会員向け月刊紙「ヒカリっ子」を発行していますが、この「ヒカリっ子」は、すべての子どもを表す言葉だと思っています。自ら光ろうと努力をせずとも、子どもはみんな、「ヒカリ」そのものだからです。

知の器を大きくすることで、その「ヒカリ」はより輝きを増すでしょう。

本書が、そのきっかけとなれば幸いです。


有限会社スキップヒューマンワーク代表取締役　喜納康光

目次

第2章 「天才脳」のスイッチは右脳にある

第3章　12歳までに親ができるバックアップ

第４章　子どもをほめるツールをたくさん持っておこう

幼児期（4〜6歳）

小学校低・中学年（7〜9歳）

小学校中・高学年（10〜12歳）

第1章
「AI時代の子育て」はどうなる？

親の子ども時代と、今の時代はまったく別もの

子育て中の親御さんにとって、一番気になることといえば、子どもの将来ではないでしょうか。

今から10年ほど前、「2011年度にアメリカの小学校に入学した子どもたちの65％は、大学卒業時に今は存在していない職業に就くだろう」と予測した人がいました。ニューヨーク市立大学のキャシー・デビッドソン教授です（のちに65％という数値は使っていないと訂正）。

21世紀に入るまでは存在していなかった職業といえば、「ユーチューバー」が代表的です。

2021年、ソニー生命が行った調査によると、日本の中高生の男子が将来なりたい職業は、1位がユーチューバーでした。女子中学生の間でも人気が高く、2位になっています。

ほかにも、新時代の職業として、プロeスポーツプレイヤー（中学生男子2位）、ゲー

ム実況者（高校生男子8位）、ボカロP（高校生男子8位）がランクインしていました。

この調査結果には入っていませんでしたが、今は、VR（バーチャル・リアリティ）やAR（拡張現実）、暗号資産（仮想通貨）に関連する業種も増えています。

また、ドローンが登場したことによって、ドローンパイロットという職業ができたように、新しい技術がどんどん新しい職業を生み出しているのです。


世の中は、ものすごい勢いで変化しています。現代の人が1日に触れる情報量は、江戸時代の1年分に匹敵するともいわれ、全世界に存在するデータ量は、指数関数的に増え続けています。

今の子どもたちは、膨大なデータ、情報量の中で仕事をし、生きていかねばなりません。親の時代とは、全く違うのです。

未知の世界を歩む子どもたちに、将来一番必要とされるものは、AIのような知能ではなく、私は人間力だと思います。それは、感情のコントロールができてこそ可能になる、人だけが持ち得る能力です。

右脳は「感情の脳」といわれます。親とは違う時代を生きる子どもたちにとって、「右脳をいかにうまく使うか」が、これからますます重要になっていくでしょう。

将来、AIに仕事を奪われるというのは本当？

AIとはご存じのとおり、人工知能のことです。AIの進化によって、20年後には、今ある仕事の半分がなくなる可能性があるといわれています。

例えば事務員や銀行員、警備員、建設作業員、コンビニの店員、運転手（士）、ライター、ホテルのフロントスタッフなどです。

ある医者は、「AIのほうが病気を見つけられるし、適正な薬を出せるようになるだろうから、ボクらなんか必要なくなるよ」と言っていました。

とはいえ、そのAIを作っているのは人間です。コントロールしているのも人間です。それはロボットでは絶対できません。

人間とロボットとの違いは、「心」を持っているかどうかでしょう。ロボットが人間に近づくにつれ、ここしか違いはなくなっていくと思います。

私がいう「心」とは、潜在意識のことです。動物にも心があり、感情を持ちますが、潜在意識を使って物事を実現させることができるのは人間だけです。

21世紀は「心の時代」だという人もいますが、今後、それがより鮮明になっていくと思います。

ＡＩが発達すればするほど、心の大切さが明らかになるでしょう。

では、ＡＩが発達してもなくならない仕事は何でしょうか。

営業職、介護職（ケアマネージャー）、カウンセラー、コンサルタントなどが挙げられますが、これらに共通しているのは、会話が仕事の重要な部分を占めることです。

そして当然、ＡＩを開発する側のエンジニアも、なくならない職業に当てはまります。

たとえロボットがどんどん世の中に出てきたとしても、やはり人と人との関わりが大切です。だからこそ、人に深く関わる仕事はなくなることはありません。そこに必要なものが、人間力なのです。

２０３０年に最も必要とされるスキルは「戦略的学習力」

ＡＩが当たり前になる時代に、身に付けておきたいスキルは何か？

そんな記事を、ときどき見かけます。

オックスフォード大学のマイケル・Ａ・オズボーン准教授は２０１７年に、「未来のスキル」という論文を発表し、「２０３０年に必要とされるスキル」を挙げています。

２０３０年というと、現在乳幼児である子どもたちが小中学生になっている頃ですね。

論文の中で、彼は１２０種類のスキルや知識、能力を、雇用との相関度の高さに応じてランキング化しています。

その結果によると、２０３０年に必要とされるスキルの第1位は「戦略的学習力」でした。

あまり耳慣れない言葉だと思いますが、戦略的学習力とは、新しいことを学ぶときに、自分に合った学習内容や学習方法を選択したり使ったりする力です。

「はじめに」でもお話ししたように、私の塾では知の器を大きくするための指導をして

表　2030 年に必要とされるスキル 1 ～ 10 位

1	戦略的学習力
2	心理学
3	指導力
4	社会的洞察力
5	社会学・人類学
6	教育学
7	協調性
8	独創性
9	発想の豊かさ
10	アクティブラーニング

います。ちょっとしたサポートをするだけで、子どもたちは独自の方法でどんどん学習して知識を習得していきます。

私も「戦略的学習力」という言葉を知ったのはつい最近ですが、右脳の使い方を教えることが、そのまま、このスキルを育てることに直結していたのだと気づきました。

ちなみに、２０３０年に必要とされるスキルの２位以下は「心理学」、３位が「指導力」、４位は「社会的洞察力」、５位は「社会学・人類学」と続きます（表参照）。

これらはすべて、対人関係能力、創造力、学習力などの、いわゆるソフトスキル。ＡＩやコンピューターによる代替が難しいスキルです。

『ハリー・ポッター』の作者の頭の中をのぞいてみよう

『ハリー・ポッター』といえば、世界的な社会現象になった超ベストセラー作品です。作者であるJ・K・ローリングは、「あの物語はどうやってできたのですか？」という質問に対して、「ロンドンに向かう列車の中で、ハリーのイメージが怒濤のように浮かんできた」と答えています。

自分が魔法使いだとは知らない男の子で、おでこには傷跡があって……。

そんなイメージが浮かんだ彼女は、「どうしてハリーは自分が魔法使いだと知らないのか、おでこの傷はどうしたのか、その答えを見つけないと」と思ったそうです。

また別のインタビューでは、「物語を書いているとき、目の前に情景が浮かぶ」とも言っています。その一方で、脳の中では「このあとどうなるのだろう？」と、作家自身でさえも予測できない未知の世界に、ハラハラ・ドキドキさせられる場面展開になったりするそうです。

しかし、この物語は、紛れもなく彼女の脳が生みだしたものです。

私の教室では、彼女のような「独創性」のスキルを伸ばすための特別な指導をしているわけではありませんが、右脳のイメージ力を高めるための遊びをしていると、独創性が自然と育つことを実感しています。

例えば、授業の中で、数字を見て、それを映像に変えていく遊びをしています。数字を見ると、人は普通、左脳のほうが動きます。それを映像に変えるとはどういうことかというと、14を見ると「14＝いし＝石」が見えてくるようにするのです。映像が見えるということは、右脳が働いている証左なのです。

15はイチゴに見えるように教えています。23は、にいさん（兄さん）、85は、はこ（箱）です。

数字が書かれたカードをシャッフルしてホワイトボードに並べていくと、子どもたちは数字がもう映像で見えています。それをどうつないでいくかは、その子次第。これらの数字を見ながら子どもたちは、「イチゴをお兄さんにあげたら、箱の中にしまいました」などとイメージします。

同じ数字でも、物語の展開は一人ひとり違うので、おもしろい話ができてクスクス笑っている子もいれば、怖い話になって眉間にしわを寄せる子もいます。

そうしているうちに、15分ほどで数字100ケタくらいは覚えてしまうのです。

このような遊びをしていると、映像が見え、その映像が動き出す頭脳が出来上がります。

私は、『ハリー・ポッター』の作者が言う「登場人物が勝手に動き出す」とは、今、目の前で小学生の子どもたちが行っていることと同じだと気づきました。この生徒たちが、将来小説家になる可能性が私の中で膨らんでいく瞬間でもありました。

教室でわが子の天才ぶりを見て、親がびっくり！

子育ては大変ですが、子どもの成長を実感できたときの喜びは大きいと思います。

私の教室では、幼児の間は親御さんも一緒に教室に入りますので、間近でお子さんの「できた」を見ることができます。

生徒であるお子さんは、先生とテーブルをはさんで対面して椅子に座ります。その後ろにお母さんお父さんが生徒を見守るように座り、何かあればちょっとお手伝いをしてもらっています。

小学校へ上がると、親御さんは教室には入りませんが、最初は心配なので、教室の後ろのほうで授業参観のように見守っています。

始めの1カ月間、子どもに付き添っていた親御さんたちも、月日が経つにつれ10人から9人になり、8人になり、だんだん減っていくのですが、1人か2人くらい、ずっと来られる方がいます。長い方は小学校の6年間ずっと来られていました。

それは、子どもが心配というより、授業が楽しくておもしろいからです。

「すごい！　私にもできた！」と、親も一緒になって授業に参加することもしょっちゅうです。

速読をしたり、直観像を使って写真記憶で覚えたり、数字100ケタを十数分で暗記したり、バラバラになったトランプ52枚全ての順番を覚えたり……。

そんな授業を目の前で見ている親御さんは、右脳のすごさを、明らかにほかの保護者よりよく理解されているようです。

私が右脳の話を1時間講演したとしても、参加されたお父さんお母さんの理解は、「何となく分かった」という程度でしょう。それを活かして家庭で実践できるまでには、なかなかなれないと思います。

ところが私の授業を何年も後ろで見聞きしていた親御さんは、私が新しい教材を出すと、「先生、すごい教材作ったわねぇ！」と感動してくれます。ポッと見学に来た親御さんは、何がすごいのか、分かりません。

そして、実際にその教材を使った授業で、子どもたちが遊び感覚で言葉でも絵でも数字でも覚えてしまう様子を目の当たりにして、「この子天才だわ！」と驚かれるのです。

「なるほど。これが右脳の力か！」と理解していただくには、お父さんお母さんも一緒に体験することが大切だと思っています。

小学校へ上がると左脳中心の教育が始まる

人間の脳には、右脳と左脳があり、その働きはそれぞれ違います。

右脳の働きは、ここでは「イメージ」や「感性」と簡単に書いておきますが、実際は大脳辺縁系という右脳と直接つながっている部分の働きが大きく影響しています（この本で

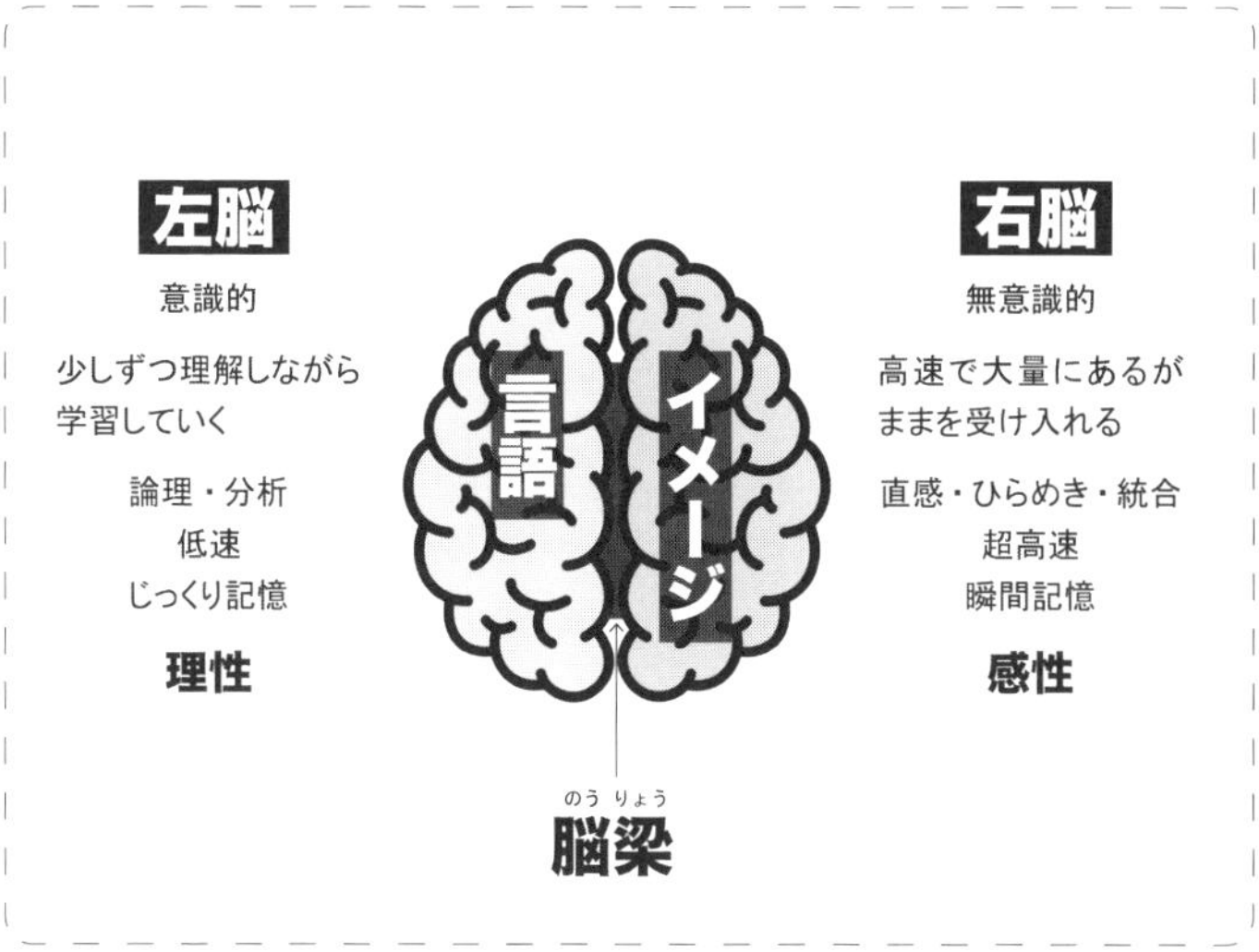

はあまり専門的にならず、簡単な説明にとどめておきます）。

一方、左脳の働きは、言語や計算、論理的思考です。左脳は、自ら体験したり、誰かが教えたりすることで成長していく脳です。

赤ちゃんの頃は、右脳と左脳をつなぐ神経細胞が存在しないので、右脳が優位に働いています。夢の見方など誰も教えませんが、右脳の働きであるイメージで夢を見ますし、お母さんの笑顔を見て安心したり、大きな物音を聞いて不安になったりと、感性が働きます。右脳は、親が教えなくても、生まれたときから自然に働くように設計されているのです。

成長するにつれて右脳と左脳をつなぐ部分（脳梁《のうりょう》）ができてきて、左脳領域の役割である言葉を覚えていきます。

脳梁が生え始めるのは1歳頃からです。全て生えそろうまで4年間かかりますので、右脳と左脳が完全につながるのは5歳になった頃です。ですから、5歳前の幼児には、左脳領域の論理的な話は理解されにくいのです。

そして、右脳と左脳の神経細胞のつながりが完成し、6〜7歳になった頃に小学校で左脳を使った勉強が始まります。読んだり書いたり、話したり、計算したりする、論理的な脳の働かせ方を学びます。

小学校の間は、図画工作の時間にイメージどおりに粘土で像を作ったり、さまざまな色のクレヨンや絵の具を使って絵画で表現したりと、右脳を働かせる機会があります。また、歌を歌ったり、楽器を演奏したりして、感性脳である右脳の成長を図りますが、図画工作と音楽以外は左脳中心の学習が多くを占めます。

中学校へ進むと、その音楽すら感性を豊かにするためにバッハを聴く、という授業ではなくなります。バッハは1600年代のドイツの人でバロック音楽の作曲家だとか、ハ長調の音階は「ドレミファソラシド」とか、理論的な話になって、右脳の学習がほとんどなくなってしまうのです。

そうやって、大部分が左脳学習になっていき、多くの人が高校を卒業する頃にはすっかり〝左脳型人間〟になってしまっているように感じます。

左脳の教育はけっして悪いことではありませんが、私は右脳を使う授業がなくなってしまうことが残念だと思っています。

「はじめに」でも述べましたが、右脳の1秒間の処理能力は、左脳の10万倍～100万倍といわれています。

素晴らしい可能性を秘めた右脳教育を、文部科学省が実施していないという現実はここでは置いておきますが、だからこそ、ご家庭で、親御さんが自らの手で、直接お子さんに提供しましょう、というのが私からの提案です。

次の章では、右脳がどんな働きをしてくれるのか、さらに詳しくご紹介します。

第2章
「天才脳」のスイッチは右脳にある

驚き！　右脳のすごい底力

はじめに、右脳と左脳の違いを一つの例でお話ししましょう。

次の文章を読んでください。


そこは薄暗い森の中です。

森の向こうに小さな小屋があります。

木漏れ日が小屋の屋根にキラキラと降り注ぎ、そこだけがぼんやり明るく見えていました。


絵本に出てくるような世界ですね。

では、これが絵に描かれていたらどうでしょう。一瞬にして光景を読み取ることができます。文章は最後まで読まないと分かりません。

これが、右脳と左脳の働きの違いです。

ですから、文章で表されている光景を瞬時に読み取ることができる右脳が上手に使えるようになると、文字中心の教科書も楽しい学習として認識されるようになります。

右脳と左脳は、ふだんから脳梁を介して情報を行き来させています。

例えば私の教室では、円周率の数字を映像に置き換えてイメージを使って暗記しています。円周率は3・1415……と続くので、14は「石」、15は「イチゴ」の映像に置き換えて、それらを物語にして覚えるようにしています。円周率の3・14という数字は、左脳が最初に認識します。それから「14＝いし」という音から石ころをイメージしたとき、今度は右脳が働いています。

そうやって、文字や数字を左脳で認識して、右脳で映像として見る、という訓練をしているうちに、脳梁の神経の束がどんどん太くなると考えられます。このような取り組みを続けると、左脳と右脳の脳波が同調し始めます。

左右の脳波が共鳴して、バランスよく動くことをコヒーレントといいます。このとき、人は集中力が高まり、喜びに満ちて、ワクワクする状態になるといわれています。

右脳の使い方が上手な子の中には、中学受験の算数の文章題の答えが、計算する前に「見える」子がいます。中学の入試問題といっても、大学生でも簡単に解けないような問いです。

そういう子は先に答えが見えていて、それから計算を始めるのです。答えが先に見えているときに働いているのは右脳、途中式や説明を考えるのは左脳の働きです。

子どもは親の〝波動〟を敏感に感じ取っている

4歳までの子どもは右脳優位で生きています。右脳は感性の脳ですから、お母さんの言葉だけではなく、表情や態度も同時に感じています。

お母さんの厳しい顔を見たら「怖いな」と感じます。ニコニコしている笑顔を見たらうれしい感情が湧きます。親から発せられる目つき、表情、態度などから愛情を敏感に感じ取るのです。

乳幼児には言葉よりも、その言葉に張り付いている波動のほうが、非常に影響します。ここでいう「波動」とは、言葉を発する側の心に潜む「想い」のことです。

ですから、親がいくら表面的な言葉で「おりこうさんね」と言っていても、それが本心からの言葉でなければ、本心に潜んでいるエネルギーが子どもには伝わってしまうのです。

逆に、「バカねぇ」というような、はたからみれば荒っぽい言葉を使っていても、その親子関係、愛情の深さによっては、子どもにとっては心地いい言葉である場合もあるのです。

言葉そのものに意味はありません。それを使う人たちがその言葉に意味を付与しているのです。言葉は文化であり、地域によって、あるいは家庭によって意味が違います。ですから、大切なのは表面の言葉だけではなく、その言葉を発する親の、その子に対する感情なのです。

右脳と左脳の間の脳梁がつながるのには、先ほどもお話ししたように、4年かかるといわれています。それまでは右脳の感性優位で動いているので、子どもが親から受け取るのは、その言葉に張り付いたエネルギーが多くを占めると考えられます。

「三つ子の魂百まで」ということわざは、3歳頃までに作られた人格や性格は100歳まで（一生）変わらないという意味ですが、幼児期は、親が子どもにかけた言葉そのものよりも、その言葉に張り付いている波動がどういう性質であったか、ということのほうが重要なのです。

ですからお子さんと接するときには、親御さん自身から発せられる波動を、ぜひ意識していただきたいと思います。

「左脳っ子」は「右脳っ子」に絶対勝てない

都道府県を覚えるとき、たいていの子どもはどうするでしょうか？

例えば山形県だったら、「山形」という文字で覚えようとします。ノートに書くときは、「さくらんぼ」とか「最上川」とか、関連する用語を表にしたり、列記したりする子が多いでしょう。でも、「右脳っ子」は文字ではなく、映像を上手に活用します。

毎年、私の教室の学習発表会では、2歳児が都道府県の発表をします。

「ほっかいどうを取ってきてください」と先生が言うと、生徒はてくてくと日本地図が貼ってある所へ歩いていって、北海道をぺりっと剥がして、先生に「ハイ」と渡します。

会場からは大きな拍手が贈られ、答えを当てた生徒も〝どや顔〟です。そのかわいらしい表情にまた会場が湧く。そんな楽しい発表会ですが、2歳児にこんなことができるのは、都道府県を全部、形で覚えているからです。

もう少し大きくなると、「最上川のある県を取ってきて」と言うと、正確に取ってこられるようになります。小学校へ上がる前には47都道府県の川や山脈、農産物など、主要なものも多く覚えています。

小学校高学年になると、それに歴史が加わります。地理でもさらに新しい知識を学ぶでしょう。生徒たちはもう都道府県の地図が映像として見えているので、その後の知識の習得は、自分の中にすでに出来上がっている地図に、新しいストーリーを貼り付けていくだけなのです。

学校で先生が、「青森県は津軽半島が日本海側から北に突き出していて、秋田県との間に白神山地があります。りんごの生産量が日本一で……」と説明したり黒板に書いたりしたことが、右脳っ子の頭の中では全部映像となっていきます。それを、自分の中にすでに出来上がっているベース（地図）に貼り付けるだけですから、楽しく簡単に記憶してしまいます。

そんなことができてしまう右脳っ子に、左脳っ子は到底追いつけないのです（都道府県の覚え方は第5章で紹介します）。

「右脳っ子」は算数をどう解いている？

分数は、小学校では4年生で習います。

「分数のたし算では、分母の数をそろえます。2分の1たす2分の1なら、下の分母はたして4にしません」とルールを教えます。

そして、「分母は2のままで、分子だけたすと、1たす1だから2だね。2分の2で、分母と分子が同じなので、それは1と言うのです」というように、機械的に計算問題を解きます。

では、これを右脳を使って教えると、どうなるでしょう。

「2分の1は半分のことですよ」と言って、半分に切ったケーキの絵を見せます。次に、「2分の1と2分の1をたしたら、どうなりますか？」と言って、半分のケーキをくっつけます。1個（ホールケーキ）になるのは、絵で見れば明らかです。

こういうことが映像で分かっている子たちは、数字を「量」で認識しています。1、2、3の数字は、数を文字で表したものですから単なる記号です。数というのは、本当は量なのです。

算数というルールの中で、「こういうルールでこういうふうに計算してね」と言われて解いた答えの「1」は文字ですが、ケーキの半分と半分をくっつけたら1個になるのは普段の生活の中で直面する体験です。右脳っ子にとって、「1」という数字は、文字だけでなく量としても認識されているのです。

左脳っ子は文字をいじっているのに対して、右脳っ子は量をベースにしているのですから、数に対する認識が全然違うのです。

先ほど紹介した、中学受験の文章題を読んで答えが先に見えてしまう子も、数字を文字ではなく、量で扱っているからこそできることなのでしょう。

文章題では、次のような問題も出ます。

「お父さんとお母さんと太郎くんと花子さんの4人でかけっこをしました。はじめは、お父さんが1番で、2番はお母さんで、3番が太郎くんで、4番が花子さんでした。途中で花子さんが、太郎くんとお母さんを追い越しました。質問です。そのとき、お母さんは何番目でしょうか？」

これは、一見、論理的に考えて答える問題に思うかもしれませんが、実際はイメージが見えていないと答えを出しにくいでしょう。読んだ文字や先生のお話が映像として見える子ども、つまり、イメージや映像を司る右脳が上手に使える子には簡単に答えられる問題です。しかし、イメージが見えていない子どもには難しいでしょう。

イメージを司る右脳が優位に働く4歳までに、しっかりと右脳を活性化させておくと、小学校に入学して、左脳中心の勉強になっても、能力をぐんぐんと発揮することができるのです。

自閉スペクトラム症の子がクラスで1番に

私の教室では、発達障害の子も学んでいます。

ＡＳＤ（自閉スペクトラム症）の男の子、Ａくんは幼稚園のときから教室に通っていました。

Ａくんが小学校クラスに進級したとき、私は「この子には左脳を使った教え方では難しいな」と感じました。実際、ＡＳＤの子は、左脳的なコミュニケーションを苦手とする傾向があり、論理的な話や説明の理解に時間を要します。

そこで私は、Ａくんへの教え方を、できるだけ右脳を使う方法に変えることにしました。算数の分数でいえば、先ほどのように「2分の1」を絵で見せて「半分のことだよ」と教えるのです。

Ａくんは小学校では6年間、普通学級に通い、中学校へ進学すると数学と英語の定期テストでクラスの上位に入るほど、勉強ができる子になりました。もし、ほかの塾へ行っていたら、おそらく通い続けることはできなかったと思いますし、学校でも普通学級には通えなかったかもしれません。当然、中学校のクラスで1番や2番を取れるほどにはならなかったでしょう。

発達障害にはいろいろなケースがあり、個人差も大きいので、必ずしも右脳教育の効果が現れるとは言いきれません。しかし、Ａくんのように、驚くような成長を見せてくれる子もいるのです。

その後、Aくんは普通高校へ進学し、充実した毎日を送っているようです。

頭のいい子はアルファ脳波になりやすい

右脳を使うあそびは、子どもの集中力を高めます。はっきりと映像が見えてくると、周りの音が聞こえないくらい集中することもしばしばです。そのときの脳波はアルファ波（α波）の状態になっています。

誰かが「○○ちゃん」と名前を呼んでも、返事がないときがありますよね。何度か呼ぶと、初めて気がついたように「え、呼んだ？」と言う。「さっきから何度も呼んでるよ。何ボーッとしてるの？」と言われている場面が想像できると思います。

この子は何をしていたかというと、あるイメージを見ていたのです。イメージがはっきり見えるような状態になるまで集中すると、脳が周りの声や音をシャットアウトしてしまいます。

右脳を使うあそびをくり返していると、集中できる脳が育ちます。

私の教室では、例えば「トランプ記憶」をする際に、子どもたちはものすごく集中しています。見えている映像をリンクでつないで、その映像が動き出すときには感情もともなっています（あそび方は第5章で紹介します）。

ですから教室のあちこちから「うわっ！　怖いー！」とか、「笑える」とか、「かわいそう～」とかいう声が聞こえてきます。感情も右脳ですので、感情を加えながら映像を見ていくと、お話が記憶に残りやすいのです。

そうやって集中できるようになると、学校の授業でも先生の話が全部映画のように見えてくるので、自分がその物語の中にどっぷり入り込んでしまいます。周囲の音は聞こえなくなり、先生と自分だけの世界になります。そして、映像がそのまま記憶に残るので、授業を一度聞いたら、記憶に定着するのです。

このようなアルファ波の状態にスッと入れる子、アルファ波になっても集中力が続かない子、なかなかアルファ波に入れない子と、いろいろな子がいます。

大事なのは、一度アルファ波の状態に入ったら、できるだけ継続できるようになることです。それができる子は、やはり頭がいいです。

右脳を活性化するとアルファ波が出やすくなりますので、右脳を育てることは、非常に有効です。

五感の刺激が子どもの〝脳力〟をアップさせる

生まれたばかりの赤ちゃんの脳は、重さが約３５０g。大人の脳は、その約４倍の１５００gです。脳の成長はすさまじく、生まれてから3年後の3歳になると、大人の脳の約80％の重さにまで達し、６歳になると約95％にまでなるといわれています。

先ほども触れましたが、「三つ子の魂百まで」という格言は、脳生理学の側面からも、その正確さを指摘している文献がいくつもあります。

「3歳までにどのような刺激を脳細胞に与えたか」ということが、その後の人生に大きく影響することが研究で証明されているのです。

人間を人間たらしめている脳の大切な部分が「大脳新皮質《だいのうしんひしつ》」です。大脳新皮質の細胞数

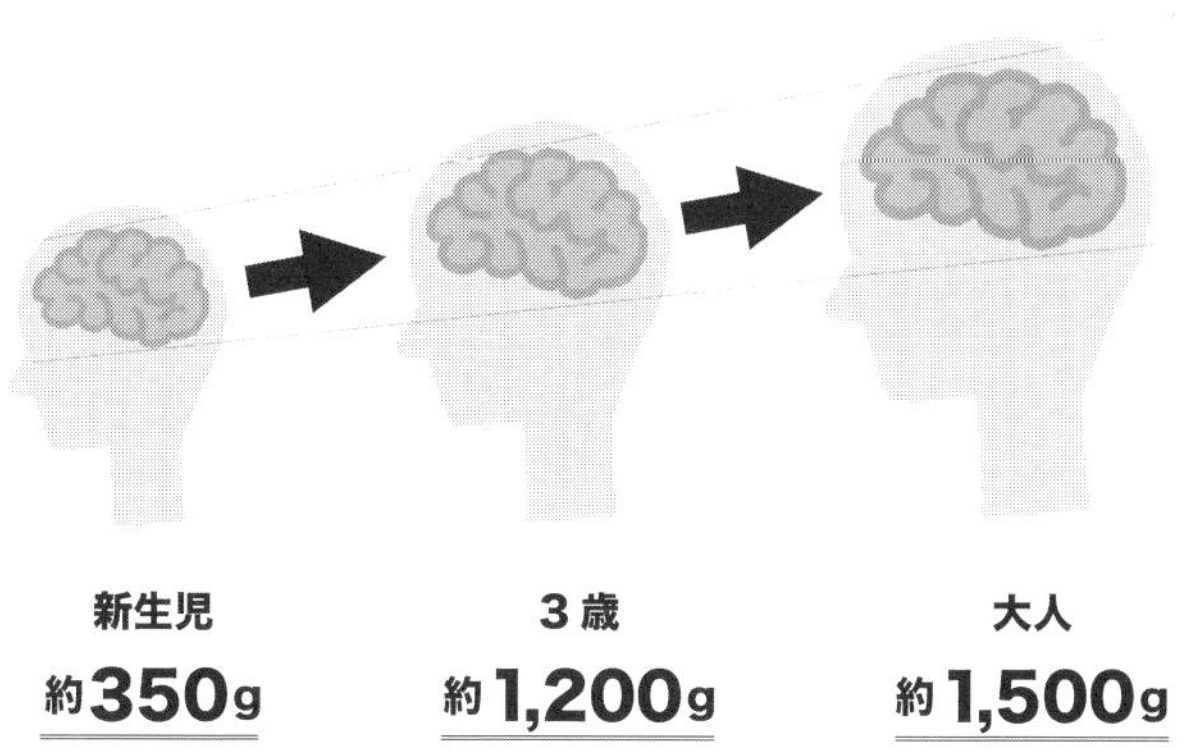

は、多少の差はありますが、人種などに関係なく約140億個あるといわれています。

脳細胞が同じ数なら、皆、同じ知能指数であってもいいと思いますが、そうではありません。その差を生むのは、脳細胞と脳細胞をつなぐ接点となっている「シナプス」の数です。

脳細胞は、外から刺激を受けることによって軸索《じくさく》という枝を伸ばしていきます。刺激を与えなければ、その枝は伸びません。

耳から入ってくる音（聴覚）や目から入る情報（視覚）、マッサージなどの皮膚からの刺激（触覚）、食べ物の味（味覚）や香り（嗅覚）などの五感を通して脳細胞に刺激を与えることが、軸索を伸ばすために必要な働きかけです。

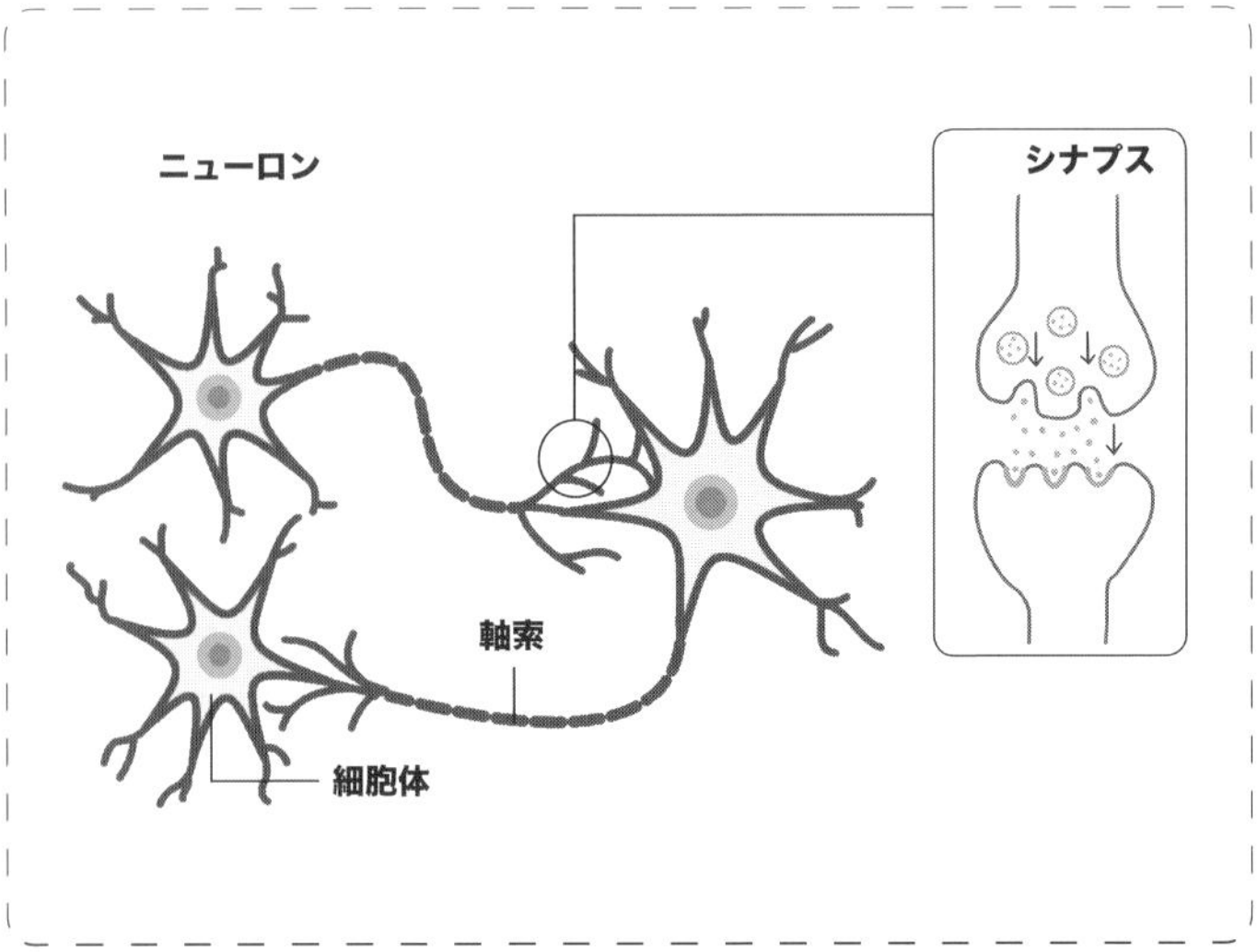

二つの細胞から伸びていった軸索の先っぽ同士がつながった部分をシナプスといいます。

脳細胞間の情報伝達は、この伸びた枝（軸索）とシナプスを介して行われるため、その通り道が多ければ多いほど、情報がスムーズに流れます。

生まれてから3歳までの間に、これらの情報伝達の道が、脳内にどんどん張り巡らされていきます。ですから、脳の成長と発達が、人生の中でも最も著しく変化する3年間は「黄金期」といえます。厳密に言えば、胎児の時期からその活動は始まっているので、黄金期は約4年間です。

この黄金期に、価値ある刺激をどれだけ

与えられるかが、子どもの人生に大きく影響します。

子どもと一緒にいる時間は、親御さんにとって、わが子に多くの価値ある刺激を与えられる大切な時間ですから、スマートフォンを眺める時間があれば、それをできるだけお子さんに向けていただくことを願います。

脳のシナプスは「くり返し」で増えていく

シナプスの数は、毎日のちょっとした心掛けで増やしていくことができます。

例えば、2歳の子どもが小さな指を2本立てて「にさい」と言えたとしても、まだ数の概念を理解しているわけではありません。カメラを向けられたときの「ピースサイン」と「にさい」というポーズが同じ、というくらいの認識かもしれません。

しかし、まだ2歳であっても、連続した数があることを教えるために、目の前に複数のものがあれば、意識的に1、2、3、4、5……と語りかけてほしいのです。

階段の上り下りも、お子さんと一緒に数えるよい機会です。それが毎日の生活のごく自然なシーンである環境と、そうでない環境とでは、子どもの脳内回路のシナプスの量に大きな差が生じます。

論理的な説明をする必要はありません。くり返す積み重ねが後に理解につながります。

私たちは、ものの色を表現するとき、色を表す言葉の後に「赤いトマト」「白い雲」「青い空」のように、「い」という音を入れます。

子どもたちは大人の会話から、色の後には「い」が付くことを、自然に模倣していきます。

ときどき、「緑い虫」とか「ピンクい花」などと間違った使い方をする子がいますが、この子は色の後に「い」が付くことを、知らず知らずのうちに身に付けたのだな、と感心します。

大人が、「色の後には『い』をつけるのよ」と教えなくても、子どもたちは日常の中から学び取っていきます。

くり返しの量とともに、乳幼児は脳内シナプスを増やしていくのです。

実際は、「い」がつくのは、赤、青、黒、白だけで、黄色と茶色の場合は「色＋い」となり、そのほかの色は「の」がつくのが普通です。

子どもはみんな、好奇心のかたまり

「知らないことを知りたい」「やってみたい」「勉強したい」という探求欲求は、人間の本能です。

人と関わるためのコミュニケーションは、生きていくために必要なものですから、人はよりよいコミュニケーションをとろうとします。そのためには、情報が大事になります。

情報は、探求心がなければ取り入れることができません。ですから、すべての人に食欲があるように、探求欲求も必ずあるのです。

では、なぜ探求欲求を満たすはずの「勉強」が、子どもにとって「つらい」「やりたくない」というネガティブなものになってしまうのでしょうか？

多くの理由が考えられますが、一つは、自分の興味のあるものではなかったということが考えられます。親が漢字を教えてあげたいと思っていても、本人が興味を持っていなければ、親が用意した取り組みには応じてくれないでしょう。親が何かを教えたいと思うのなら、まず子ども本人が興味を持ってくれるような事前準備が必要なのです。おもしろい、楽しいと感じることなら、子どもは何時間でもずっとやり続けるはずです。

乳幼児の発達障害を見抜くことは、専門家でない親御さんには難しいものです。さまざまな障害種別があり、中には「学習障害」という、文字の読み書きだけが苦手な子、あるいは計算だけが苦手な子がいます。そのような先天的な障害がある場合を除いて、「これは不得手だ」と決定づけてしまうことは避けましょう。

「私は英語が苦手です」という中学生がいますが、そのほとんどはしっかりと学習してこなかっただけで、実際は得意になる能力は持っているはずです。「苦手＝能力がない」という誤解を解いてあげるために、私は以下のことを彼らに伝えます。

「そんなみなさんも赤ちゃんのときには『いつか立ち上がって自分の足で歩きたい』と願って、転ぶたびに一生懸命立ち上がり努力し続けてきたのです。そしてついに自分の足で歩くという目標を達成したのです。『自分は歩くことは苦手だから諦めよう』などと思ったりは決してしなかったのです」と。

不得手なのは、適切な取り組み方を知らないからそう思い込んでいるだけのことで、「できる能力がない」ことにはなりません。

本来、子どもは探求心が旺盛で、「勉強したい！」という気持ちを持っています。ですから、「誰でもできる能力がある」ことを前提に、お子さんが関心を寄せてくれるように、私たち大人が工夫を重ねることが大切だと思います。

子どもは興味のあることをしたがる

子どもは正直で、興味のないことには見向きもしません。そうはいっても、保育園や幼稚園の集団生活や習い事など、大人から「しなさい」と言われれば、することはするでしょう。

でも、この本を手に取ってくださったお父さんお母さんには、「子どもが興味を持っていないな」と分かっていて無理にさせるのではなく、ぜひ興味を持たせてから始めてほしいと思います。

このあと、子どもの脳力を伸ばすあそびやノウハウをたくさんご紹介します。

それをいきなり「じゃあ、これ始めるから、はい、お母さんの後についてきて！」と言っても、子どもはいやかもしれません。まずは興味を持たせることが大事です。したくないことを無理強いすると、かえって勉強嫌いになりかねません。

「何でやらないの！」と無理やりさせるのではなく、まず「これは楽しいものだ」と思わせることから始めるのがポイントです。

例えば私の教室では、小学校3年生から歴史を学びます。「墾田永年私財法」や「寛永通宝」などの難しい用語も扱います。3年生の子どもたちにとっては、さっぱり分からない外国語のようなものなので、それらを「覚えなさい」と言っても、脳は拒否反応を起こすでしょう。

でも、教え方によってはおもしろがって食いついてきます。

歴史は、公立の小学校では6年生で学びます。難しい漢字や言葉が出てきますが、「ある方法」で5年生の子どもに試してみたところ、とても興味を持ってくれました。それなら4年生ではどうだろう？　そう思って試すと、4年生も「おもしろい！」と前のめりでした。じゃあ3年生は……？　こちらも成功。ということで、私の教室では3年生から教えることになったのです。

教室の様子を見ていない先生方は、「日本史を小学3年生が？　本当に？」となかなか信じてくれませんが、当の子どもたちは「来週もやる！」とワクワクしています。

では、どうしたら難しい歴史の言葉に興味を持って、楽しく覚えてしまうのか？　その方法については第5章でご紹介します。

目標達成には「潜在意識」が大きく影響している

私たちが目標を達成させるためには、「肉体をコントロールして目標に近づき、手を伸ばしてつかみ取る」という作業が必要です。

私たちの肉体を動かしているのは脳です。さらに、脳を動かしているのは、心や思考といった、目には見えなくても確かに脳内で活動している「あるエネルギー」によるものです。科学用語に置き換えると「意識」。つまり、意識が私たちの目標達成に大きく関わっているのです。

意識は二つに分けられます。一つは「顕在意識」で、もう一方は「潜在意識」と呼ばれています。

顕在意識の「顕」は「現れる」という意味ですから、文字どおり、表に現れている意識です。「○○したい」という願望や目標が、自分でも認識できる意識のことをいいます。

対して潜在意識は、「潜んでいる」意識です。自分でも気づかない自分がいる、ということです。「将来○○になりたい」と顕在意識が願っていても、必ずしも潜在意識が同じとは限りません。もしかすると、「○○になるのは自分には無理」と潜在意識は思っているかもしれません。

心理学者は、私たちの肉体を突き動かす力は、全体を100として、顕在意識が5、潜在意識が95としています。どんなに顕在意識が「○○中学に合格したい！」と願っていても、潜在意識が「私には合格する力はない」と思っていたとしたら、どうでしょうか。5対95の比率で、潜在意識が肉体と行動に大きく影響して、合格できない行動を無意識のうちにとらせてしまうのです。

「経営の神様」として知られる京セラの元会長・故稲盛和雄氏は、多くの傾いた企業を立て直した経営者として知られています。2010年に日本航空（JAL）が経営破綻した際、稲盛氏は国とJALから請われ、再建に関わりました。わずか2年弱で黒字化に成功し、その後株式上場を果たしたことは、稲盛氏の功績として多くの経営者の知るところです。その稲盛氏が提唱する「稲盛経営12カ条」の第3条では、「強烈な願望を心に抱く

——潜在意識に透徹するほどの強く持続した願望を持つこと」と謳っています。

潜在意識を効果的に活用することは、ビジネスやスポーツの世界では広く知られています。


潜在意識に願いを入力する際には、アルファ脳波（α波）が鍵になります。

顕在意識と潜在意識の間には「心理障壁」という扉があり、その扉が閉まっている状態で願いを唱えても、シャットアウトされてしまいます。

潜在意識に願いを入力するには、扉を開く必要があります。アルファ脳波のときには、その扉が開くことが分かっています。自分の意志でアルファ脳波にすることができる人には、目標を達成する能力の一つが備わっているといえるでしょう。

潜在意識には言葉は通用しません。ですから「○○を達成したい！」と言葉で唱えるのではなく、「○○を達成している状態」をイメージするのです。そうすることで、潜在意識への入力が可能となります。

稲盛氏は、「心（＝潜在意識）は、想いを現実化させる器（＝道具）である」と定義しています。

寝入りばなの暗示の効果

人の脳波は、眠りに入る直前に、必ずアルファ脳波になります。夜でも昼寝のときでも、子どもが眠りに入るときは、潜在意識の扉が開いていますから、添い寝しながら耳元でささやくと、そのささやきが潜在意識に浸透していきます。

「花子ちゃんは、いつもニコニコして楽しくお勉強しているから、いろんなことがどんどんできるようになっているね。お母さんは、そんな頑張り屋の花子が大好きだよ」

このように、親が望む子どもの未来を、具体的に、映像ではっきりと見えるように言葉にしてささやくと、子どもの潜在意識に浸透して、そのように行動するようになります。

小さいうちは添い寝ができるので、これは難しいことではありません。

でも、小学校高学年くらいになると、添い寝を嫌がる子も出てくると思います。そんな子には、「マッサージの仕方を習ってきたから、ちょっと横になって」と言って、協力を依頼する形で子どもの足裏やふくらはぎをマッサージしてみましょう。気持ちがいいので、眠りに落ちるまで協力してくれると思います。

初日はマッサージの心地よさを体験してもらうだけにとどめます。少なくともマッサージを受ける側は心地よい脳内ホルモンが分泌されるでしょう。

2日目は、「寝る準備をしたらマッサージに付き合って」と言えば、昨日の気持ちよさを覚えているので協力してくれると思います。マッサージをしてもらっていると眠くなるという体験をしていたなら、「寝る前に」というフレーズが心地よい誘い文句になるはずです。

そして、話しかけながらマッサージします。このとき、子どもの素晴らしいところを、言葉ではっきりと伝えましょう。

幸せホルモンが脳内に充満した状態で、脳波がアルファ波になり、お母さんの言葉が聞こえてくると、暗示の効果はさらに高まると思います。

このようにして、潜在意識の扉が開いているアルファ脳波の瞬間を活かすことができるのは、潜在意識の存在を知り、アルファ脳波の活用法を知っているお父さんお母さんだけなのです。

第3章
12歳までに親ができるバックアップ

豊かな発想力は〝いい情報〟を与えることで育つ

ハルくんは、どうして科学者になりたいと思ったのか。ミカちゃんは、どうして花屋さんになりたいと思ったのか。その「科学者」や「花屋さん」という発想がなぜ起きたかというと、実は、情報によって起こっているのです。

「プロパガンダ」という言葉があります。これは、特定の思想や主義に仕向けようとする宣伝活動のことで、情報によって大衆を操作する活動です。Aさんを操作しようと思ったら、意図的な情報を与え続けていくと、Aさんはその情報の中でしか考えられなくなります。「情報」は、人間の行動に強い影響を与えるものなのです。

家庭の中でいえば、お父さんが野球好きだと、家でも野球番組やスポーツ紙などで野球を目にしたり、耳にしたりする機会が多くなりますので、子どもも野球に興味を持つ傾向があります。球場に連れて行って、ひいきの球団の応援をしていれば、子どももその球団が好きになるでしょう。

お母さんがK–POP好きで、コンサートに行ったり、韓国語を話せるようになりたいとハングル語の勉強を始めたりすると、子どもも同じようにK–POP好きになる可能性は高くなります。もしかしたら、お母さんが机に置いておいたテキストに興味を持って、大学で本格的に学びたいと思うかもしれません。

家庭での会話、テレビ、新聞や雑誌、本（表紙だけであっても）などは、すべて子どもに情報として伝わり、発想の元になります。

ですから、子どもたちには、たくさんの〝いい情報〟を提供することが大事なのです。

イライラ、ニコニコの脳内ホルモンを意識する

子どもと関わっていくうえで大切なのは、子どもが今、どういう感情を持っているかを意識することです。

感情は、脳から分泌されるホルモンによって、いろいろな働きをします。

イライラしているときに、「自分の中で今、イライラホルモンが出ている」と分かる人は、「この怒りのホルモンを抑えて、心地いいホルモンを出すようにしよう」と、ホルモンを

コントロールしようとする意識が起こります。

けれども、ホルモンの働きを知らない人は、自分のイライラの原因がホルモンの影響によるものだと自覚していないので、コントロールができないのです。

それは自分だけでなく、相手（子ども）であっても同じです。

「この人は今イライラしている」と分かれば、相手のホルモンを自分の表情や言葉、態度で変えてみよう、と行動に移すことができます。

それを「何だ、その態度は！　こっちまでイライラしてくるじゃないか」と思ってしまうと、さらにお互いのイライラが増幅してしまいます。


相手も自分自身も、ホルモンによって、そういう感情の状態になっていることを理解している人は、相手との関わり方が変わってきます。

お子さんがいつも快楽な状態でいられるようにしてあげたいと思うなら、「今、この子はいいホルモンが出ているかな」と観察してください。もしいい状態でなければ、言葉や表情、振る舞いなどで、いいホルモンを出してあげるよう働きかけてください。

親が、子どもにいいホルモンが出るような関わり方ができれば、怒ったり悩んだり、イライラしたりする場面が減って、子育てがずいぶん楽になると思います。

やる気と幸せのドーパミンを促すには

私たちのやる気には「チロトロピン」や「ドーパミン」というホルモンが深く関係しています。

ドーパミンは、今、楽しいから出るというだけではありません。ディズニーランドに行って、楽しいから出るのではなく、「ディズニーランドに行くよ」という言葉を聞いただけでも出るのです。つまり、期待と一緒に出てくるので、「行くぞ」「やるぞ」となったときには、もうワクワクが始まっているのです。

これを知っていると、勉強でもスポーツでも、何にしても、子どもに最初にいいことをイメージさせて、ワクワクのドーパミンを前もって出してあげることができます。

例えば、私の教室で授業の最初に、先生が「はい、では授業始めますね。今日の勉強は……」と言うのと、「はい、これからクイズをします」と言うのとでは、子どもたちの反応がまったく違います。

「このクイズ、分かるかな？」と先生が言ったところから、「よっしゃ、こい！」と、子どもたちのやる気ホルモンが一気に出ます。

ですから、家庭でも勉強に取り組む前に、クイズを出してみるのも一つの方法です。子どもはクイズやゲームが好きです。幼児であれば、親御さんが即席で考えたなぞなぞでも食いついてきます。考えるのが大変であれば、なぞなぞの本は書店にたくさんありますので、1、2冊持っておくといいですね。

こういうあそびから入っていくと、やる気のホルモンが出た状態で勉強を始められます。

普段から子どもをよく観察して、どうしたらこの子の心地いい状態を作れるか、意識し続けることで、上手に「お勉強モード」を作り出せるようになります。

スキンシップが子どもの脳の活性化を促す

人間の授乳の回数は、どの哺乳動物よりも多いことをご存じでしょうか？

それは、人間の母乳は、ほかの哺乳動物の母乳に比べると濃度が薄いからです。必要な栄養分を与えるために、新生児への授乳回数を多くしなければならないようです。

ちなみに、人間は1日に8〜12回の授乳する必要がありますが、ウサギは1日1回です。それは、天敵に襲われる危険をできるだけ少なくするために、自然の摂理でそうなったと解釈できます。

授乳回数が多いのは大変ですが、ちゃんと利点もあります。赤ちゃんは、授乳ごとにお母さんの胸に抱かれ、そのたびにお母さんの顔を見て、お母さんの匂いを嗅ぎ、お母さんの心音を聴きながら母乳を味わいます。授乳のたびに1日に何度も五感を働かせています。それが、結果的に脳システムの活性化を促していることが分かっています。

つまり、お母さんと一緒に過ごす授乳の時間は、赤ちゃんにとって大きな意味を持っているのです。

私の教室では、幼児クラスから宿題プリントを出しています。

目的は、「頭を良くするためだけではありません」と聞くと、驚かれるでしょうか？

私が出す宿題は、「お母さんと共に過ごす大切な時間を作ること」を重視しているのです。

親子で一緒に課題に取り組む時間は、赤ちゃんへの授乳と同じで、お母さんと一緒に過ごす大切な時間です。

お母さんの偉大さを感じ、優しさに包まれ、安心感を得られると同時に「自分は大切な存在なんだ」という生きる自信を培う体験を得られます。

プリントを解く時間を、「お母さんとの幸せな時間」に感じる子は、自然と勉強好きな子に育っていくのです。

プラスイメージが子どもの可能性をぐんと広げる

人は誰しも自分自身に対するイメージを持っています。「冗談を言ってまわりの人を笑わせるタイプ」とか、「人前ではあまりしゃべらず、控えめで引っ込み思案な性格」といった具合です。

そのような、自分に対するイメージを「セルフイメージ」とか「自己像」という言葉で表します。

ろうを溶かして型に流し込むと、固まって型どおりのろうそくができます。型以外の形にはなりません。人は、そのような型にはまった行動をするのです。

小学生までに出来上がるセルフイメージは、いつの間にか身に付いてしまったもので、自分で意識的に作り上げたものではありません。

中学生くらいになれば、努力して「理想的な自分づくり」にエネルギーを注ぎ、セルフイメージを変革していくことは可能です。ただ、「私は変わるぞ」という思いに至るかどうかも、小学生までに作り上げたセルフイメージ次第です。

ですから幼児期から児童期までは、人格形成にとても大切な期間です。この時期に多く関わる人に、本人のセルフイメージが大きく影響を受けることは容易に想像できるでしょう。

たくさんほめられ、認められ、称賛された子と、たくさん叱られ、たたかれ、罵倒された子がいたとしたら、両者のセルフイメージには大きな違いが生じます。その子どもたちは、そのイメージをなかなか書き換えられないまま人生を過ごしていくのです。

人は自己像のとおりに生活するのが心地よく、それに反することはあまりしたくないものです。セルフイメージが行動に影響を与えることは、言うまでもありません。

例えばテレビで活躍しているお笑い芸人は簡単に人前で裸になることができても、自分にはできない、と抵抗を感じると思います。服を脱いで裸になるという動作をする能力はあっても、心理的に人前ではできないということです。

できる力があったとしても、セルフイメージの影響を受けて行動できないことが、人にはあるものです。

私は、学校の成績もその一つだと思っています。学業優秀な生徒たちは、「私は勉強ができる」というセルフイメージのもとに行動し、その結果が成績に反映されます。逆に、「私は勉強ができない」というセルフイメージがあると、勉強をする行動自体ができず、結果的に成績が上がらないのです。

自己像を持ち始める時期は、3歳を過ぎたあたりと言われています。さまざまな体験をとおして、次第に固まっていくものです。体験に影響を与えるのは、特に幼児期は、もっとも身近な存在であるご両親の言葉や振る舞いです。

子どもは天真爛漫にいろいろなことをします。それを認めて、肯定して、そして「やっぱりユウタはすごいね～」とほめることで、子どものセルフイメージはよりよく作られていきます。

このとき、「できたね」と能力をほめるのもいいのですが、「ユウタは思いやりがあるね」「ミナはやさしい子だね」といった「あり方」に対しても言葉がけをしてあげてください。

大きくなるほどセルフイメージは強化されますので、小さいうちに子どものいいところ、天才だなと思うところを見つけて、まずは親御さん自身が子どもの素敵なイメージを作ってほしいと思います。

親の中には子どものアバターが存在している

最近はSNSやオンラインゲームなどで、自分の分身となる「アバター」を作って活用する場面が増えています。ここでいうアバターとは、自分の代役として、分身のように表示させるキャラクターのことです。

私たちの心の中には、普段関わっている人たちに対する印象を土台にして、「あの人は○○な人だ」という、作り上げた人物像があります。これもアバターの一つといえるでしょう。

そして、お子さんも皆さんの中でアバターとして存在しています。「この子は○○な子だ」という、親である皆さんが作り上げた「その子」です。

人は、実際にそうであるかどうかは別として、相手に対する主観的な印象を少なからず持っています。お父さんの中に住んでいるお子さんのアバターと、お母さんの中に住むお子さんのアバターは、まったく同じではないでしょう。それぞれ異なった印象が私たちの中で、アバターとして存在しているのです。

もちろんあなたも、関わる人たちの心の中で、その人があなたに対する印象で作り上げたアバターとして存在しています。

私たち大人は理性脳を働かせることができるので、相手の中に住む私のアバターが、よりよいモノであるように、自らの振る舞いをコントロールできます。しかし、幼い子どもにはそのようなことはできません。

子どもの振る舞いが「わがまま」と受け取られると、接した人の中には、その子のよからぬアバターが作り上げられるでしょうし、逆に「素直」と受け取られたときには素敵なアバターが形成されるでしょう。そのようにして出来上がったアバターがフィルターとなって、私たちは関わる人々と接していくようになります。

自分が好きなAさんの振る舞いに対しては、「さすがだな」と感じることでも、自分が嫌いなBさんだと、Aさんと同じ振る舞いをしたとしても「さすがだな」とはなかなか思えません。その逆も往々にして起こります。

普段多く関わる人たちが、Aさんのような人ばかりであれば、幸せな気持ちで生活できますが、逆にBさんのようなアバターばかりだと作り上げた自分自身が大変な思いをすることになります。

お子さんは、親御さんの中で素敵なアバターとして存在してもらいたいものです。

しかし、お子さんのアバターを作り上げるのはあなた自身ですから、あなたの受け取り方次第で、お子さんはよいアバターにも悪いアバターにもなります。それはよい循環を生み出すことにもなり、逆に悪い循環を生み出すことにもなるのです。

ニュースで虐待の痛ましい事件が報じられるとき、多くが「しつけだった」と供述していますが、まさにその親の中に作り上げられたその子のアバターは、親にとっては嫌悪の存在であったのかもしれません。

では、どのようにして子どもを素敵なアバターにすればよいのでしょうか？

その方法を次に紹介します。

リフレーミング力を付けよう

よいアバターを作りたいと思っても、自分の子どもとなると、自身の嫌いなところに似ていたり、どうしてもできないところばかりが目についてしまったりするものです。なかなかよいところを見つけられない、という親御さんもいるかもしれません。

そんなときに使っていただきたいのが、「リフレーミング」です。

リフレーミングは、コミュニケーション心理学（ＮＬＰ）の用語の一つで、関わる相手への枠組みを変えて、自身に別の感じ方を持たせる手法です。これを活用することによって、不満や不足といった感じ方を、満足や喜びといった感じ方に変えることができます。「脳の取扱説明書」ともいわれ、「目標の実現」「悩み解決」「思考や行動、感情のコントロール」「人間関係の構築や修復」などでも、幅広く活用されています。

子どもの性格や癖は、全て表裏一体です。「天真爛漫」というと素敵に聞こえますが、その意味を辞書で引いてみると、「他を気にかけず、自分の思うままに振る舞うさま」とあります。自分の思うままに振る舞うということは、言葉を換えれば「わがまま」ともいえます。わがままとは、周囲に迷惑をかけることも顧みず、行動することですが、見方を変えると「自己主張ができている」ともとれます。

あるいは、「この子は無口でボーッとしている」と思っても、視点を変えると「慎重で周囲をよく観察している」とか「注意深い」とリフレーミングすることができます。

枠組みを変えれば、けっして悪いものはないのです。

これを「リフレーミング力」と私は呼んでいますが、リフレーミングする力を持った親になることは大切だと思います。この力があると、一見、子どもの困ったところ、直したいと思っていたところが、「うちの子、すごいじゃない！」ととらえることができます。

分かりやすい例を一つ、ご紹介します。

保育園でSくんを受け持っていた先生が、「Sくんは、ちょっと変わっています。天才です。やることなすこと行動が普通の子と違います。おもしろいので、よく見ていてください」と引き継ぎシートに書いたとします。

次に担任する先生は、Sくんの行動や言動に対して「本当にこの子、天才だわ」という目で見ますし、もっと伸ばしてあげようと思うでしょう。

一方で、引き継ぎシートに「Sくんはちょっと問題です。ほかの子と違う行動をします。手に負えないことがあるかもしれませんが、頑張ってください」と書かれていたら、どうでしょうか。

次の先生は、はじめからSくんを「問題児」という目で見るでしょうから、注意する場面が増えることが予想されます。

発明王として有名なエジソンは、好奇心で学校に火を付けるなど、行動があまりにも突飛なため、学校を退学させられます。しかし、彼の母親は、素晴らしい子だと愛していました。そのリフレーミング力が、あの天才エジソンを生み出したのだと思います。

このように、見方によって、子どもに対する向き合い方が180度変わるのです。

ですから、子どものよりよいところを見よう、というリフレーミング力は非常に大切なのです。

信頼される親子関係を作るには

親が子どもの素敵なイメージを作るということは、頭の中に素敵な子どものアバターを作ることだとお伝えしました。

私たちは、初めて会った人と話すときには、無意識に脳をフル回転させて、相手がどんな人だろうかと観察します。五感を使って、言葉や表情などから「この人はどういう考え方かな」「どんな人なのかな」とさぐっています。

ですから、初対面の人に会うときや、初めの場所に行くとき、入社初日に初めて仕事をするときには、脳は情報を得ようとフル回転するのでものすごく疲れます。脳は新しい情報を一生懸命インプットしているのです。ところが、何度も会ううちに、「この人はこういう人」だとイメージが固まってくると、脳は怠け始めます。このときすでに、その人の像がアバターとして、私たちの脳内に出来上がっています。

顔も声も、すでに知っているので、その人と会話をしているときには、脳は新しい情報を積極的に得ようとするのではなく、自分の中にベースとしてあるイメージをもとに会話をしているのです。つまり、アバターと会話をしているのです。

その中には信頼している人もいれば、そうでない人もいるでしょう。その感情を伴ったアバターは、自分の主観的な印象によって作り上げられていきます。

親子の間でも信頼関係があります。子どもは、親のことを本当に信頼して関わっているかというと、そうでない場合もあります。

何かを選択する場面で、お父さんが一言「こっちにしたら？」とアドバイスしたときに、「お父さんが言うなら間違いない」と思える親子関係であれば、相当の信頼を得ているでしょう。

一方で、お父さんのアドバイスを、子どもがすぐに受け入れない場合でも、お母さんの言うことは素直に受け入れることがあります。これは、信頼の量が違うからです。

子どもから信頼される親になるためにも、「この子は素敵だ！」というアバターを持つことが大切です。それが、子どもに対する無意識の態度や言葉になって表れ、これを感じ取った子どもの中にも信頼できるお父さんお母さんのアバターが出来上がっていくのです。

心から子どもを天才だと思う

私の教室では、子どもの活躍ぶりをお父さんお母さんはもちろん、おじいちゃんおばあちゃんにも、なるべく見てもらうようにしています。

目の前の数字数十ケタをあっという間に暗記できる小学生や、都道府県の形を見ただけでどの県かを答える幼児たちを見てもらうと、大人の皆さんは、「何でこんなすごいことができるの！」と驚きます。

種明かしをすれば、そこまで難しくないですし、コツさえつかめば親御さんにも「できる」と感じてもらえるのですが、実際、目の前で子どもたちがこなす様子を見ると、「この子すごい！」と心から感心してもらえるのです。


私が「ユウトくんって、ほら、すごいじゃない。こんなことができるのですよ」と親御さんに言うと、「やっぱり子どもって天才ですね」とうなずかれます。

親はわが子を本気で「天才」と見ているので、自然に素敵なアバターが作り上げられます。

でも、中には全く逆のケースもあります。

「この子ダメだわ」「頭悪いのかしら」などと思っていると、口に出さなくても、子どもと会話しているときの表情や目つき、態度に全部現れてしまいます。それが、全部子どもに伝わる可能性があります。

上っ面だけ「あなたって素敵ね」「すごいわ」と言っても、本心では逆のことを思っていると、子どもは感じ取ります。なぜかというと、幼児期の子どもたちはほぼ、直感の右脳で生きているからです。

ですから、本当にこの子をすごい子にしたいと思うのならば、お父さんお母さん自身が、そのイメージを強く持つことが大切です。

子どもの本気を応援するために禁酒したお父さん

「はじめに」で少し触れましたが、私の塾で、円周率を5000ケタまで暗記して、右脳オリンピック大会の円周率記憶部門で日本一になったMちゃん（8歳・女の子）がいました。

塾で教えているのは500ケタまでです（覚え方は第5章で紹介）。しかし、Mちゃんは後日、「先生、5000ケタまで覚えたよ」と言います。それなら、大会に出場してみようか、ということになりました。

ある日、「練習に付き合って」と言われたお父さんは、ビールを飲みながら読み上げを聞いていたそうです。

円周率5000ケタを読み上げるには、1時間ほどかかります。お父さんは、仕事の疲れもあり、しかもビールを飲んでいたので眠くなってしまいました。

「お父さん、聞いてる?」

娘さんの声で我に返ったお父さんは、そのとき、こう思ったそうです。

「娘が本気で頑張っているのに、これでは申し訳ない……」

そして、「大会までビールはやめよう」と一念発起し、それからは一切お酒を飲まず、娘さんの練習に付き合いました。

彼女の優勝はお父さんの協力があってこそ、でもあるのです。

親が、子どもの頑張っていることや好きなことに無関心でいると、関係がうまくいかなくなってしまうことがあります。特に小学校高学年になると、思春期を迎えるのが早い女の子は、お父さんとの関係が難しくなる傾向にあります。

これは、スクールカウンセラーの先生に聞いた話です。

小学5年生の娘さんのことで相談にきたお父さんがいました。例にもれず、プレ思春期の娘さんからうっとうしがられ、口も聞いてくれない状態だそうです。娘さんは当時、スマートフォンを使用したゲーム「ポケモンGO」に熱中していました。カウンセラーの先生が、「お父さんも一緒にポケモンGOをしたらいかがですか？」とアドバイスすると、お父さんはそれに従いました。その後、娘さんとの関係は改善し、仲のいい親子に戻ったそうです。

子どもの興味に親が関心を持つことによって、共通言語ができ、会話が生まれます。年頃になることで生じやすい親子の溝も、これを意識することで自然に回避できると思います。反対に「勉強もしないで、遊んでばかりいて！」などと言うと、断絶の溝は埋まらないどころか、さらに深くなりかねません。

子どもが熱中していることには、「それ、おもしろそうだね」と寄り添ってみてください。子どもの将来を考える手がかりは、子どもの興味の中にあると私は思っています。関心を持つことによって会話が生まれ、会話が生まれるからこそ、子どもも親の話をしっかり聞く土壌ができます。

天才脳を育てるには、良好な親子関係が欠かせません。

子どもを野放しにして、したいことをさせているだけでは非常にもったいないです。ぜひ、子どもがハマっていることに関心を寄せてください。

＊右脳オリンピックは、現在は開催されていません。

トキメク未来を引き寄せる親のサポート

もし突然、「スワヒリ語で話してみてください」と言われたら、できますか？ぺらぺらと話せる人は、ほとんどいないのではないでしょうか。なぜなら脳内に、スワヒリ語を話せる回路ができていないからです。

沖縄生まれのスターといえば、安室奈美恵さんを挙げる人は多いでしょう。

私は同じ沖縄出身ですので、親しみをこめて「アムロちゃん」と呼んでいますが、彼女はデビュー前、芸能養成所の「沖縄アクターズスクール」まで1時間半の道のりを歩いて通い、懸命に練習していたそうです。

何千人、何万人もの若者が、歌やダンスの練習をしていると思いますが、デビューできる人はほんの一握りです。アムロちゃんのようにデビューできた子には、おそらく脳内に、歌手になる回路ができていたに違いありません。

脳の回路を作る方法の一つに、「体験」があります。本当に歌手になって、未来のステージの上で歌って踊る体験をさせるのが、効果的です。

ただそうはいっても、成功している未来に行くことは、タイムマシーンがない限りできません。そこで右脳の働きである「イメージ」を活用します。

「イメージなんて幻だし、単なる空想でしょう」と言われれば、確かにその通りです。でも、幻でも空想でも、イメージすることで、脳の中に回路ができます。そうすると、人はそういう振る舞いをするようになります。

未来をイメージするためには、たくさんの情報を与える必要があります。「情報」と「データ」は、同じ意味に使われることも多いですが、私たちの五感を通して入ってくる映像や音などが「データ」であり、脳内でそのデータに分析や評価が加わると「情報」に変わります。

情報は、英語では「インフォメーション」。「案内」という意味もあります。脳の中で、データを情報にした瞬間、その情報が自分を案内し始めるのです。

「自分を案内する」とはどういうことか、説明が必要ですね。

私が住む沖縄は台風の通り道なので、よく台風関連のニュースが流れます。今度の台風は大型だとか、速度が速いというデータが耳に入ってきます。それが私の中で情報となり、私をどう案内するかは、それまでに蓄積された体験や情報の影響を受けます。

台風のニュースを聞いて、「また台風か。うっとうしいな」と思う人は、暴風雨の対策をしなければ大変だとか、商売をしていれば「お客さんの出足が悪くなるな」など、マイナスの体験や情報が蓄積されていたために、そういった感情に案内されたのでしょう。

そうかと思えば、「今年も台風が来てよかった」と思う人もいます。この人は、台風が来ることでサンゴの白化が抑えられ、沖縄の豊かな海が守られることを知っているので、先ほどの人とは正反対の心地よい案内に導かれるのです。

「なりたい自分」に導かれるためには、周りの人から得た知恵や生き様、環境や学習して得た知識など、いろいろなデータを望む方向に向かわせるための情報に導く必要があります。

医者の家系の子どもは医者になることが多く、芸能人の子が芸能人になることが多いのは、そのイメージの中にいつも浸かっているからでしょう。

イメージにどっぷり浸かっていると、自分が本当に体験したかのように脳に回路が出来上がっていって、入ってきたデータが医者や芸能人へと案内していくのです。

ですから、データがAという情報になるのか、Bという情報になるのか、それがその子をどこへ案内していくかは、家庭では親との関わりが大きく影響します。

データが「望みどおりの情報」になることを意識しながら、普段からお子さんと接していただきたいと思います。

右脳が活発に働く朝の時間を活かそう

子どもたちは学校で、毎日6時間ほど授業を受けて、中学生になれば放課後は部活動をしてから塾に来ます。そのため、どの子も授業が始まるときには、脳は結構ヘトヘトになっています。

そこで、テスト前の限られた期間だけですが、塾を朝6時から開けることにしました。登校は8時過ぎですから、学校へ行く前に最大2時間ほど勉強することができます。

普段は疲れて集中力が途切れ途切れの子たちが、朝は黙々といつも以上に集中して勉強に取り組むのです。

『子には魚を与えるな釣り方を教えよ！〜15歳のわが子を司法試験（一次）に合格させた三好流教育法』（三好義光著、主婦と生活社）には、副題の通り、自身の子を中学3年生で司法試験に合格させた教育が紹介されています。著者のお子さんは、朝の集中しやすい時間帯に勉強していたそうで、私はこの本に早朝学習のヒントを得ました。

十分に睡眠をとった直後の朝は、脳がパワーアップしているので、右脳が活発に働くといわれています。また、アルファ波になりやすく、情報がよく入る（記憶される）ともいわれています。朝の時間は、ぜひ有効に使っていただきたいです。

絵本の読み聞かせで、どうして本好きになるの？

毎日、絵本の読み聞かせをしている親御さんもいるのではないでしょうか。

絵本は、感性に働きかけるので、右脳優位の幼児にピッタリです。

親御さんの読み方によって、すごくワクワクしたり、ドキドキしたり、怒ってみたり、悲しくなったり、怖くなったり、大笑いしたり……。子どもたちにとって絵本は、感情の起伏がおもしろくてたまらないものなのです。だから、同じ絵本を何度も「また読んで」とせがみます。

膝の上に乗って、お父さんお母さんの温もりを感じながら絵本を読んでもらう、その時間は子どもにとって至福のときといえるでしょう。

「じゃあ次は、ご飯食べたら読んであげるね」「お昼寝が終わったら絵本読んであげようか」などと言うと、「やったー！」と喜びますよね。もうその瞬間から心地いいホルモン（ドーパミン）が出ています。

そういう体験をしている子たちは、そのうち絵本を見ただけ、本の香りを嗅いだだけで、ドーパミンが出るようになります。もう少し大きくなって字が読めるようになれば、文字を見ただけでそうなるのです。

反対に、本が好きになる環境になかった子の場合、本を開いて、本の匂いがしただけで眠くなってしまうこともあります。それは、逃避ホルモンが分泌されていると考えられます。

こういった癖がついてしまわないように、小さい頃からできるだけ読み聞かせの時間を作って、本好きにしてあげてほしいと思います。

言葉の量は多いほうがいい

私の教室では、小学校6年生で習う歴史を3年生から教えています。

歴史ソングを使ったり、ゲームのようにしたりして楽しく学べる工夫をすれば、3年生でも漢字ばかりの難しい用語や人物の名前を楽しみながら覚えてしまいます。

歴史は難しい用語も多いですが、何も歴史に限定して使う言葉ばかりではありません。

例えば「墾田永年私財法」の墾田は、「新しく田んぼを作って耕す」という意味です。

確かに普段使わない言葉ですが、どこかで「墾田」という言葉を耳にしたら、その言葉を知っている子と知らない子とでは、脳の反応が違ってきます。

人は本を読んだり、人の話を聞いたりするときに、100％理解しているわけではありません。Aさんの知識で読んだ本は、Aさんなりの解釈をするけれど、Bさんの知識量で同じ本を読めば、Bさん独自の解釈になるわけです。

それは、人の話を聞いていても、講演会やテレビを通しても、同じことです。知っている言葉の数（語彙）が少ない人は、少ない言葉の中での解釈しかできませんが、たくさん言葉を知っている人は、豊富な言葉をベースに解釈できるので、理解の度合いが変わってきます。ですから言葉の量は多いほうがいいのです。

「3年生なんて、そんなに早くから歴史を教えたって分からないよ」と思ったり、「説明するのが面倒だから」と教えなかったりするのは、非常にもったいないですね。

歴史を学ぶと、語彙力が格段に増えます。

子どもはみんな、驚くほどの学習能力を持っています。ぜひ、早いうちから歴史の言葉にも興味を持つ環境を提供してあげてください。

一緒に歌うと親子の絆が育っていく

童謡や唱歌の歌詞には、情緒を養う要素がいっぱいあります。

例えば「ぞうさん」の歌詞に、「♪ぞうさん、ぞうさん、お鼻が長いのね、そうよ、母さんも長いのよ〜」とあります。作詞したまどみちおさんによると、この歌詞には「鼻が長いのは変だよね、といった周りからの偏見に対して、そんなこと心配しないのよ、お母さんも長いから大丈夫。人と違っても自信と誇りを持って」という子どもへの励ましのメッセージを込めているそうです。

このような意図を理解して子どもと一緒に歌うことで、オンリーワンの大切さを伝えることができます。

しかし、音楽の効果はそれだけにとどまりません。子どもと一緒に歌うと、親子間の呼吸やリズムも同時にそろっていくのです。

相手とのコミュニケーションをより良くするために、プロのカウンセラーは「ペーシング」を大切にするそうです。ペーシングとは、相手の話すスピードやリズムに合わせることをいいます。

カウンセリングでは、自分のペースでしゃべるのではなく、相手に合わせることで相手（クライアント）は話しやすくなります。目に見えない「絆」のような関係が構築されなければ、相手は見ず知らずのカウンセラーに、なかなか自分の秘密を打ち明けることはないでしょう。このペーシングを活用した信頼関係の構築方法は、科学的根拠があるようです。

皆さんも、誰かと一緒に歌うことで、仲良くなった経験があるのではないでしょうか。それは、歌うことがただ楽しいからではなく、呼吸やリズムを一致させることで、相手と目に見えないつながりが生まれたからだと思います。

アイドルやロックバンドなどのコンサートでは、見ず知らずの人たちと一緒に立ち上がって、大きな声で歌うことで一体感が生まれ、隣の人と仲良くなるといったことが起きたりします。

脳波の研究で有名な脳力開発研究所の志賀一雅博士の研究に、こんな報告があります。

ヒーリングの施術中に施術者とクライアントの脳波を計測した結果、施術効果の高い施術者はクライアントと脳波を一致させることが上手だった、とのことでした。

親子で一緒に歌うことは、親子間の絆を育てる大切な営みといえるでしょう。

第4章
子どもをほめるツールをたくさん持っておこう

お手伝いは幸せホルモンの宝庫

NPO法人アジアチャイルドサポートの池間哲郎氏によると、海外では、子どもは親の手伝いをするのは当たり前だそうですが、日本では手伝いをしない子が多いので「子どもが弱くなっている」そうです。

親が何でもしてあげることが、「子どもの成長の機会を奪っている」。こう主張する池間氏の書籍を読んで、私自身も多くの気づきを得ました。

子どもに強くたくましく育ってほしいからこそ手伝いをさせる、という考え方はとても素晴らしいと思いますが、ここでは別の角度から、手伝いの価値について検討したいと思います。

人は誰でも、ほめられたらうれしいものです。人間には「ほめられたい」「認められたい」という承認欲求があり、その本能は幼い子も持っています。また、ほめる側も相手の行為を称賛することで、自らも幸せを感じます。

ですから、「ほめる・ほめられる」という行為は、互いにとって素晴らしいことなのです。その状況を意図的に作りだせば、皆が幸せになる世界が実現します。それが、私の考える「手伝い」です。

手伝いの程度は、子どもに合ったレベルで設定しますが、その結果、面倒なことも起こるかもしれません。

子どもにさせるより親が自分でしたほうが楽、という場面も多いでしょう。しかし、あえて子どもにできそうなことをさせる。そして、ちゃんとできたらしっかりほめます。この一連の流れには、次のような価値やメリットがあります。

まず、ほめる側も、ほめられる側も「幸せホルモン（セロトニン）」が分泌され、それによって、幸せホルモンが分泌されやすい脳内回路が構築されます。

子どもの中に「手伝いは楽しい」という体験回路が築かれ、家の外でも他人の手伝いができるようになります。

その自然体の行動が周りから評価され、周りの人に、本人に対する素敵なアバターが出来上がります。

結果、皆から愛される子になります。多くの協力者が現れ、成功しやすい環境が整うでしょう。

このように、メリットは挙げれば切りがありません。

「たかが手伝い。されど手伝い」です。

手伝いをして、ほめられて、心地よい体験をした子は、「手伝いをしたい」という自発的行動を起こすでしょう。一方、心地よい体験をしたことのない子は、そのような発想すら起きないかもしれません。

「手伝い＝面倒」という感情を持つ前の、まだ幼いうちに、親が意図的に手伝いをさせて、心地よい「幸せホルモン」に浸かる体験をさせることが大切です。

どうしたら子どもをせかさずに済む？

子どもをせかしているときの、親御さんの心理状態を想像してみましょう。

落ち着いた、穏やかな状態とはいい難いですね。荒々しい波動を発してはいませんか？

そのときの親御さんは、どんな表情でしょうか？　語気はどうでしょう？

お子さんから見た親御さん自身の姿を想像して、その振る舞いをお子さんの立場で眺めてみましょう。

大好きなお父さんお母さんが、そのときには怖い存在になっていませんか？　子どもの脳は委縮した状態だと想像できます。

忙しい日常で、子どもがぐずぐずしているわずかな時間がもったいないのは分かります。でも、その1〜2分のロスと、親子の絆と、どちらが大切でしょうか。絆と表現しましたが、これは脳内回路といってもよいでしょう。

皆さんは、「条件反射」という働きをご存じだと思います。

「パブロフの犬」の実験が有名ですが、犬にエサを与える前に、ベルを鳴らすことをくり返した結果、犬はベルの音を聞いただけで唾液を分泌するようになりました。「ベルの音の後に、おいしい食事が出る」という脳内回路が築かれた結果、ベルの音が、唾液分泌の反射を引き起こしたのです。あるいは、ベルの音という条件が、喜びホルモンを分泌させた、といってもよいでしょう。

私たちの行動の多くは、条件反射に影響されているようです。

「夏休み」や「家族旅行」という言葉を聞いただけで、脳は反射的に心地よく反応します。逆に、不快な反射を引き起こす条件もあります。

心地よい脳内ホルモンが分泌されたら、気分が快になります。その逆のホルモンが分泌されたら不快な気持ちになるのです。

親御さんの「早くして！」という言葉が条件となり、子どもの脳に委縮の脳内ホルモンが分泌される脳内回路が築き上げられ、親御さんの脳にも自ら発した言葉を条件に、イライラホルモンが分泌される可能性があります。そしてそれが、その子のアバターとしてお母さんの心の中に住み始めていくかもしれません。

子どもをせかさずに済むように、準備の段階から手を貸してあげることができるのなら、それに越したことはありません。

また、リフレーミングを使って、「この子は動作が遅いのではなく、落ち着いて行動するから、そこが素晴らしいのだ」とプラスに受け止めることもできます。

子どもの光る面を喜びとして受け入れられたら、親御さんの脳内回路には、お子さんを承認する回路が築かれていくでしょう。

てきぱきできる子もいれば、そうでない子もいます。行動のスピードにはそれぞれ違いがあるのは当然です。それは発達の段階途中だから、仕方のないことだと承認するのも、親力の一つといえるのではないでしょうか。

子育ては「自分育て」でもあります。子どもの行動一つひとつに対して、どのように対処していくかを課題として、親も自らの成長を楽しむ時期なのだ、ととらえてはいかがでしょうか。

子どもが中学生になる頃、親として成長した自分をイメージして、今の子育てを楽しんでいただけたらと願います。

「アンカリング」で心地よい感情を引き出す

いいホルモンを出して心地よい状態を作るために、「アンカリング」を使う方法があります。

船の錨（いかり）を英語でアンカー（Anchor）といいます。ご存じのように、船を海上で泊めておきたいときは、潮の流れや波に流されないようにアンカーをおろして海底の岩などに引っかけて動かないようにします。

同じように、「人の感情にアンカーをかける」という心理的手法があり、これをアンカリングといいます。人のある特別な感情にアンカーをかけると、意図的にその感情を引き出せるのです。

これは、セラピーやカウンセリングの現場で生まれた「神経言語プログラミング（NLP）」で扱う手法の一つですが、子どもに活用すると、子育てがきっと楽しくなるはずです。

私たちの日常には、アンカーが溢れています。

例えば、昔よく聞いていた音楽を聞くと当時の感情が思い出されるのは、アンカー効果の一つです。

努力して目標を達成したときは、喜びの感情が湧きます。その感情をいつでも思い起こすことができたなら、努力することが楽しくなりますよね。

具体的にアンカリングをどう活用すればいいのか、使い方の例をご紹介します。

子どもをほめる場面で、毎回、①頭をなでて、②笑顔で、③決まった声のトーンで、④

「さすが私の子」と、ほめます。

①〜④の動作を意識的に繰り返すと、そのときの子どもの感情と親の動作がアンカリングされます。

すると、親がこの動作をするたびに、子どもは以前感じた気持ちを呼び覚まして、心地よい状態になります。

私の場合は、教室で子どもをほめるときに、肩をポンとたたいて「さすがだね」と言っていました。それをくり返していると、「肩をたたかれる」ことは、「ほめられる」ことだとアンカリングされます。

そうすると、ほめるときでなくても、肩をポンとたたくと、その子はほめられている気持ちになって、心地よくなるのです。

最近は、生徒に触れるのはよくない、という風潮もあるので、声だけでアンカーをかけるようにしています。

声でアンカリングするときのコツとしては、普段の話し方ではなく、〝意識的に〟ある特定のトーンとスピードで言葉を発します。違いは、子どもたちも分からない程度ですが、聞く側の鼓膜の揺れが変わるので、ちゃんとアンカーがかかるのです。

お子さんと一緒に勉強するときに、上手にアンカーを使うといいと思います。

家族なら子どもに触れることができますので、背中をさすったら、「お母さんと一緒に勉強することは楽しい」というアンカーをかけることもできます。

ぜひ、お子さんの心地よい感情を引き出すアンカーを作ってみてください。

勉強はアイスクリームと同じ！

アンカーをかけるときに気をつけていただきたいのは、悪いアンカーがかかる可能性です。

私の教室の悪い例を挙げると、経験の浅い先生のクラスで、子どもたちが授業に集中できず、ざわつくのが当たり前になってしまったことがありました。

その先生は、「あの子がいつもうるさいんです」と言うのですが、それは、先生がそういうアンカーをかけてしまったからです。

教室に入ってきた先生の表情を見て、その声を聞いただけで、子どもたちの学習する心の準備が自然に整っていく。そんなアンカーをかけられる先生もいるのです。

「勉強」という言葉に対しても、マイナスのアンカーがかかっている子がいます。「勉強＝知識の詰め込み」や「勉強＝努力＝つらい」といった感情が付きまとっているようです。

それは、これまでの体験によって、勉強という言葉に対するマイナスのアンカーができてしまったからだと考えられます。

「アイスクリーム」や「ディズニーランド」「夏休み」「キャンプ」という言葉を聞くとワクワクするのに対して、「宿題」や「テスト」という言葉を聞くと、逆の感情が起こります。

本来、勉強という言葉は、ワクワクときめくものになってもいいのに、そうならない子どもたちも少なからずいます。

ですから幼い子どもたちには、勉強と聞いたら、アイスクリームと同じような喜び、うれしさが起きるくらい、「勉強＝ワクワク」のアンカーを作ってほしいと思います。

そうすると、子どもたちのほうから、「お母さん、早く勉強しよう！」とせがまれるようになります。

いいアンカーをかけるのには少し時間はかかりますが、一度できてしまうと子どもとの関わりがより楽しいものになります。

宿題は、ほめるためのツールと思ってみよう

私の教室で幼児に出す宿題は、知恵・文字・数の3枚のプリントで、とても簡単な内容で構成されています。

子どもが分からなければ、親御さんが答えを教えてもいいことにしていますが、中には「本人を成長させるために、しっかりやらせないと」と力が入ってしまうお母さんもいます。

そんなとき、私はこう言います。

「お母さん。どうしてこの宿題を出しているのかというとね、お子さんと一緒にいる時間を作るためなんですよ。宿題は、子どもと楽しい時間を過ごすための道具なんです」

これは、先ほども紹介したように、親子のスキンシップがとても大切だからです。

そして、こうもお話します。

「宿題を出すもう一つの目的は、この子をほめるためです。一緒に宿題をすることによって、どうやってこの子をほめるかを考えてほしいのです」

宿題をしているとき、子どもが一生懸命考えているところをほめてほしいですし、プリントを逆さまにしていたら、「お、こんなふうな見方をするのって天才だね。すごい！」と言ってもいいでしょう。

「鉛筆じゃなくて、クレヨン使いたい！」と言ったら、これもやっぱりほめるところだと思います。「ダメです、ここは鉛筆です」なんて言わずに、子どもの自由な発想を、たくさんほめてあげてください。

プリントは、市販されているものを買ってきてもいいです。親御さんの多くは、「これは賢くなりそうな教材だな」という基準で選びがちですが、それよりももっと大切なことがあることをぜひ知っておいていただきたいと思います。

実は、親子で一緒に宿題やドリルに取り組むことには、もう一ついいことがあります。それは、親が子どもの癖や性格をよく知ることができることです。

すぐにめげてしまうとか、どういうところでさじを投げがちなのか、どこで「おもしろい」と言って乗って来るのか。あるいは、お母さんの表情をしょっちゅううかがっているとか、どこでほめ言葉を期待しているのかなど、子どもによって違います。

ですから、プリントは、子どもの頭をよくする目的だけではなくて、お母さん自身が子どもの表情や態度から、子どもの気持ちを読み取るための、いろいろなセンサーを発達させるツールでもあるのです。

結果だけでなく「努力」をほめる

人はほめられると「うれしい」と感じるのは本能です。それは承認欲求といって、認めてもらう、ほめてもらうということは、食事をすることと同じくらい大事なことです。承認欲求が満たされないと、人は孤独や不安を感じたり、「自分は存在価値がない」と感じたりして、自己肯定感が著しく下がってしまいます。

ですから、お子さんには何かあるたびに、「えらいね」「すてきだね」「ありがとう」など、承認の言葉をかけることが大切です。

また、何かしたこと、できたこともすごいのですが、そのために努力した過程をほめると、「努力しよう」と思う子になります。プロセスをほめるのです。

男の子は「天才だね」という言葉が好きですし、女の子は「かわいいね」という言葉が好きです。そういうほめ言葉もいいのですが、天才やかわいさは、努力でない部分もあります。

ほめられた子は確かに喜ぶけれども、あまりこれらの言葉を使いすぎると、子どもは期待にこたえようとして、インチキしてでも維持しようとするおそれがあります。ですから、あえて「努力したこと」を意識していただきたいと思います。

努力したことを、本人が意識していなかったり、気づいていなかったりすることもあります。そういうときは、なおさら親が「あなたはここを努力していたよ。すごかった」と声かけしてほしいですね。

「あ、そうか。自分は努力してたんだ。こういうのを努力っていうんだ」と子ども自身に気づかせることが大切です。

得点をほめると「成績が自分」だと思ってしまう

喜びのホルモンを分泌させるために、子どもに小さな目標を与えることは、とても大切です。やってみて「できた！」と手応えを感じると、次にまた努力をするようになります。幼児のうちは、ほめるのは難しいことではありません。しかし、小学生も高学年になってくると、親が「すごいね。できたじゃない」と言っただけでは、喜びホルモンの十分な分泌に至らない場合があります。

そういうときは、「ここが、こういうふうにできるようになったね」と成長したところを具体的に伝えてあげましょう。そうすると、「確かにそうだ。前よりできるようになった」と素直に納得できます。

効果が出ていることを、子ども自身が気づいていない場合もあるので、「自分が努力したから効果が出た」ということを、実感させるのも大切です。

テストの点数や順位は、目に見える結果として分かりやすいので、ここぞとばかりほめてしまいますが、テストの得点をほめると「得点が自分」だと思ってしまい、「よい点を取らないといけない」「得点が落ちると自分が崩れる」と自分を追いつめてしまう危険性があるため、気をつけなければいけません。

「100点取って、すごいね」と言うのもいいのですが、やはり、「あなたのその努力が素晴らしいよね」というほめ方をしていかないと、子どもが苦しむことになるかもしれません。

得点や成績、順位は、この子そのものではありません。

まずは、本人の存在そのものをほめる、認めることを、普段から心がけるようにしていただきたいと思います。

テストで100点を取ったら「100点おめでとう！　あなたのその頑張りは本当に素晴らしいと思うよ。あなたが私の子で本当によかった。ありがとう！」。

そんなふうに言われたら、きっとお子さんはさらにやる気になることでしょう。

第5章

めきめき伸びる、天才脳に育つあそびと勉強法

乳幼児期（0～3歳）

赤ちゃんに自分の足を触らせてみよう

皮膚は第二の脳といわれています。

生まれたばかりの赤ちゃんには、自分の足は見えないし、自分にくっついていることも、まだ分かっていません。

そこで、赤ちゃん自身の手で、自分の足を触らせてあげましょう。

そうすると、赤ちゃんは自分の手で足を触っていると認識し、また、自分の足が触られている感覚を得ます。

そのとき、手からの感覚は脳に送られ、同時に足からの感覚も脳に送られます。

そうやって、「あ、自分の体に触っているんだ」と分かることで、脳の発達がどんどん促されていきます。

脳の回路（シナプス）は、電話回線のようなものです。

昔、沖縄本島の家は電話回線がある程度つながっていて、宮古島の島内もある程度つながっていましたが、本島と宮古島はつながっていませんでした。でも、本島と宮古島の間に1本回線がつながった瞬間、本島と宮古島の全世帯が一気につながりました。

シナプスも同じで、赤ちゃんにとって、足の感覚は脳のある部位に集中して存在し、手の感覚もまた別の部位に存在しているけれども、それらの部位同士が脳内回路でつながるまでは、別々の場所に存在している状態なのです。

それを、お母さんが足を触ったり、赤ちゃん自身の手で足を触らせてあげたりしていると、「これが自分の足なんだ」と脳内の足の部分の回路と手の部分の回路がつながるのです。

脳の回路（シナプス）は刺激を与えるほど増えていきます。

ベビーマッサージにはいろいろな効果があるといわれますが、せっかくなら、ベビーマッサージを行うときには「脳の中に新しいシナプスを作っているんだね」と意識しながら行うと、お母さんもその意図が明確なので、その時間がより充実した時間に感じられると思います。

色から教えてみよう

赤ちゃんは成長するにつれて、いろいろな物を区別できるようになります。これを「弁別」といいます。最初に弁別できるようになるのは色です。

赤、青、緑を区別できるようになるのは生後9カ月頃といわれますが、その頃から、赤い物を見せながら「赤い風船だね」「赤い消防車だね」「赤いポストだね」と「赤い」という言葉と一緒に赤い物を見せていきましょう。

そうすると、赤い物を「あかい」という音と一緒に認識するようになります。

1週間ほどしたら、今度は「青い積み木だね」「青い空だね」と言いながら、青い物を集中して見せましょう。

そうすると、赤と青の区別がつくようになり、色という概念も同時に育ちます。

次に、緑やその他の色を見せたときには、もっと早く吸収できる脳内回路が構築されます。

色を知らない赤ちゃんには、赤い物を見せても、見ているだけで、「あかい」という認識はしないのです。

色の次に育つのが、形の弁別です。これは1歳頃といわれています。

色と同じように、まる、さんかく、しかくの物を見せながら「まるいお月様だね」「しかくいお皿だね」と話しかけましょう。

私たちの脳は、目で見た物をすべて認識するわけではありません。

多くの男性は、自分の妻が妊娠して初めて、まわりの妊婦さんが目に入るようになって、「こんなに妊婦さんがいたんだ」と気づくことがあります。

赤ちゃんにとっては、この世界の全てがそうなのです。ですから、最初に弁別が育つ色から教えることで、どんどんまわりの物に対する認識が増えていきます。

それが、これからいろいろなことを学習していくための土台になるのです。

くるくる線追いあそび

2～3歳児が対象です。鉛筆で文字を書くときには、手首と親指、人差し指、中指の絶妙なバランスとコントロールが大切ですが、幼い子どもにはそれらのコントロールは簡単ではありません。このあそびでは、手首と指先の運動機能を育てます。

【準備するもの】

A4サイズくらいの白紙、鉛筆、マーカー。

【あそび方①】

お母さんとお子さんで向かい合います。

お母さんが鉛筆で薄く線を引いていき、子どもはその線をマーカーなどで追いかけながらなぞります。

お母さんは「クルクル～」とか「ギザギザ」など効果音を発しながらイレギュラー

な線を描いていきます。笑いが起きるように工夫して、楽しい取り組みにするといいですね。

お母さんが描く線が大きければ、腕と手首のコントロールだけで済むので楽ですが、細かい線だと3本の指のコントロールが必要になります。子どもの能力に合わせて線の描き方を変えましょう。

【あそび方②】

線を引くときに、その中に一筆文字の簡単な平仮名などを入れ込むと、子どもは線を追っているうちに文字を書き上げることになります。

ひらがなが書けたら、それを示して「花ちゃん、ここに『は』って書いてあるよ。花ちゃんの名前の『は』だね！　すごーい！」とほめると、文字が書けた喜びを味わえるので一石二鳥です。

はじめは直径10㎝くらいの大きな文字から始めて、だんだん小さくしていくことで、3本の指のコントロールが上手になります。

紙の上を行ったり来たりと動き回るため、クレヨンなどを使うと手が汚れてしまうのでマーカーがおすすめです。また、あまりお子さんの手が汚れないように、お母さんが鉛筆で引く線も薄いほうがよいでしょう。

おすわり期からできる百玉そろばん

数は0歳から教えることができます。数を数える場面を意識的に増やすあそびとして「百玉そろばん」をおすすめします。

百玉そろばんは、横一列に玉が10個並び、それが10段ある合計100個の玉が並んだそろばんです。

【あそび方】

親子で向かい合って座り、間にそろばんを置きます。

そろばんの全ての玉を、お母さん側から見た場合の右側に集めて、最上段の10個の玉を、左側の空いているほうに向けて、1個はじきながらお母さんが「いち」と声を発します。

子どもは、お母さんの「いち」の声を聞きながら、(子ども側から見た場合)左側から右側に移動していく1個の玉を見ています。

続けて2個目の玉を左側にはじきながら「にい」言います。

同じように、3~10までを連続で行います。

数を数えられる子であれば、一緒に数えながら進めましょう。

数の理解は10個というひとまとまりの理解がベースになって進みますが、たとえ0歳でも1～100まで一気に進めて問題ありません。

赤ちゃんにはまだ分からないから無意味、なんていうことはないのです。大好きなお母さんの声を「1、2、3……」と毎日聞いていたら、脳内回路が出来上がるのはごく自然のことです。

何も刺激を得ていない子と、毎日刺激をもらっている子の脳内回路やシナプスの数には間違いなく大きな差が開きます。お母さん自身も楽しんで行ってみてください。

折り紙の兜で数あそび

幼い子に「何歳？」とたずねると、指をピースサインのように2本立てて「2歳」と答える場面を見たことがあると思います。その子はまだ「2」という文字の存在

は知らなくても、お母さんが声にして話す「にさい」と、指2本を立てる行為が同じであることを知っています。

3歳になると、指3本を立てて「さんさい」と言えるようになります。

これは、そのくらいの年齢になったら始められるあそびです。

【準備するもの】

折り紙で、子どもの指先に乗せられるほどの小さい兜を5つ折って、それぞれに1～5の数字を書きます。

人差し指には「1」の兜、中指には「2」の兜、薬指には「3」の兜、小指には「4」の兜、親指には「5」の兜を乗せるのがルールです。

【あそび方】

まず、お母さんの人差し指に「1」と書かれた兜を乗せ、「いち」と発声しながら人差し指を1本立てて見せます。

ここで子どもと一緒に笑い合える一工夫を加えると、お母さんと指あそびをすることが幸せに満たされる時間になります。

今度は、その兜を子どもの人差し指に乗せて、本人に「いち」と発音させて、人差し指を立てる行為をしてもらいます。

「いち」という音と、「人差し指を1本立てる行為」と、「1」という文字が同じであることを理解させるための取り組みではありますが、完全に理解できたかどうかは、この時点では特に問題ではありません。ここでお母さんは、「お勉強」という意識は横に置いておいて、楽しいあそびという思いで取り組むことが大切です。左脳がまだ発達していない5歳未満の子どもたちと取り組む場合は、「教えよう」とするより、楽しみながらくり返すことが大切です。

次に、お母さんの人差し指と中指の2本の指に、「1」と「2」の兜を乗せて、人差し指から順に「いち」と言いながら指を立て、次に「にい」と言いながら中指を立てます。

同じように、子どもにもやってもらいます。

できたときには、本人が喜ぶようなほめ言葉のシャワーを浴びせることを忘れないでください。

このあそびは、1から5まで、順序よく行うことが大切です。間の数字を飛ばさないようにしましょう。慌てる必要はありません。今日は「3」まで、と思ったらそれで十分です。子どもの発達に応じて進めましょう。楽しみながらくり返すことで自然に理解し、そのうちに「1」の兜を人差し指に、「2」の兜を中指にと、自分でかぶせるようになります。

まずは片手5本の1～5まで完全に理解できるところを目指しましょう。

指を使った〝数えない〟数あそび

数字を10まで数えられるようになった2～3歳児が対象です。
私たち大人は1、2、3……という文字を使って「数」を理解していますが、実際これらは「文字」であり「量」ではありません。幼い子どもには「量としての数」の概念を先に分からせることが大切です。

【準備運動】

まずは準備運動です。お母さんが人差し指を1本立てて「いくつ?」とたずねます。子どもには「ひとつ」ではなく「いち（1）」と答えさせます。

人差し指と中指を立てたら（ピースの形）「に（2）」、ピースの2本指に薬指を加えた3本の指を立てたら「さん（3）」、親指以外の4本を立てたら「し（4）」、5本指全部を広げ、「ご（5）」と答えさせます。

【あそび方①】

先ほど子どもに見せた、1から5の指の形をランダムに見せて、「いくつ？」とたずねていきます。

即答するには、数えていては無理です。1、2、3、4……と指を数えないで、すぐに答えられるようになるまでくり返しましょう。

できるようになったら、次のステップに進んでください。

【あそび方②】

ここからが本番です。

片方の手は5本指を開いて「5」を表現

しておいて、もう片方の手で「人差し指の1」を出します。

それを数えずに「ろく（6）」と答えられるようにします。

同じように、片方の手は「5」の開いた手のまま、もう片方の手で「ピースの2」を出し、やはり数えずに「なな（7）」と答えられるようにします。

これは、5＋1＝6、5＋2＝7、5＋3＝8、5＋4＝9、5＋5＝10であることを、数えないで見た瞬間に分かる脳を育てるあそびです。

算数の基本となる10までの「量」とその意味をしっかりと修得させる、将来算数好きな子に育てる土台づくりの取り組みです。

アメ玉でたし算、ひき算をやってみよう

3歳くらいから楽しんでできるあそびです。

これはイメージを育てるあそびですから、本物のアメ玉を用意する必要はありません。

【あそび方】

母：「これからお母さんの頭の中にあるアメを、花ちゃんに送るよ。見えたら教えてね。じゃあ、まずアメを1個送るね。ポーン。アメ来た？」
花：「来たよ」
母：「じゃあ今度はあと3個送るね。ポーン、ポーン、ポーン。来た？」
花：「来たよ」
母：「今、アメは全部で何個ある？」
花：「4個だよ」
母：「じゃあ、今度は花ちゃんの番ね。さっきあげたアメを、2個、お母さんに送ってくれる？」
花：「いいよ。ポーン。ポーン」
母：「2個来たよ。ありがとう。花ちゃんのところには何個のアメが残っている？」

花：「2個だよ」

頭の中でイメージできるようになると、「2」とか「4」という数字を「文字」ではなく、「量」としてとらえるようになります。

数量が映像で見えるようになった子たちのすごさは、第2章でお話ししたとおりです。

ひらがなあそびは1音の言葉から

2〜4歳児対象の遊びです。

ご家庭のパソコンかタブレットのパワーポイントが使えると簡単に作成できますが、自作のカードでも十分対応できます。

ひらがな1文字の1音で意味をなす言葉はいくつかあります。例えば「め」「き」

「て」などです。

【準備するもの】

パワーポイントまたはカードで1枚目に「目」のイラスト、2枚目に「め」のひらがながくるように作成します。

「木」のイラストの次に「き」のひらがな、「手」のイラストの次に「て」というように、セットにしてページを増やしていきます。

「あ」のように、1音で意味をなす言葉がない場合は、頭文字に「あ」がくる「あめ」など2文字の言葉を使うといいでしょう。

「い」ならば、「いす」「いぬ」などです。教えたいのは「い」ですから、「い」の文字を大きくしたり、色を変えたりして、目立つように工夫しましょう。

【あそび方①】

まず、子どもに「目」のイラストを見せます。

「め」と言いながら、次のページのひらがなの「め」を見せます。

同じように「木」のイラストを見せたら「き」、「手」のイラストを見せたら「て」のひらがなを見せます。

最初のうちは、イラストから文字へ切り替えた瞬間に、「これは何かな?」と聞きながら、ゆっくり行います。子どもがすぐに答えられたら「今、速かったね〜!」とほめましょう。「もっと速く言えるよ!」と促すと、子どもはそれを目指して挑戦してくれます。

【あそび方②】

次は、順番を逆にしてひらがなを先に見せて、子どもに「め」と読ませてから、次のイラストを見せます。

最初は自分の名前から始めるといいでしょう。次に家族の名前へと広げていき、パパの名前が読めるようになって、パパが喜んでいる様子を見ることで、学ぶことの楽しさを同時に味わえるように工夫するといいでしょう。

【あそび方③】

50音が読めるようになったら、次は2文字以上の言葉で、イラストと文字のセットを作ります。

例えば「花」のイラストの次に「はな」、「みかん」のイラストの次に「みかん」の文字がくるようにします。5文字くらいまで増やしてもいいでしょう。

「あそび方②」のように、ひらがなを先に見せた後に、子どもに読んでもらって、その後にイラストを見せるパターンも行います。

一文字ずつゆっくりと読むのではなく、瞬時に読めるレベルを目指します。

速読とまではいかなくても読書スピードは増しますし、語彙も同時に増えるように意識的に教材を準備することで、一石二鳥の学びができます。

幼児期（4〜6歳）

一瞬で読めるようになる速読あそび

語彙が増えてきたら、次は文章に進みましょう。

これもパソコンやタブレットのパワーポイントのようなソフトがあると簡単に作れますが、カードで作成しても同じ効果が得られます。

【準備するもの】

パワーポイントなどに、簡単な文章を、縦書きで、文節に分けて打ち込みます。

例えば「とりが　とぶ」なら、1枚目の右側に「とりが」、2枚目の左側に「とぶ」と打ち込みます。

「あかい　いちごは　おいしいな」なら1枚目の右側（1行目）に「あかい」、2枚目の真ん中（2行目）に「いちごは」、3枚目の左側（3行目）に「おいしいな」と打ち込みます。

「あおい　そらに　しろい　くも」という文章なら、1枚目の1行目に「あおい」、2枚目の2行目に「そらに」、3枚目の3行目に「しろい」、4枚目の4行目に「くも」となります。

【あそび方①】

最初は子どもが速くて読めないくらいのスピードで、パパパパッとスライドショーにして見せます。

そして「読めた？」と聞いてみてください。たとえ読めなかったとしても、今度はもっと集中して読めるようになりたい！という意欲が湧いてきます。

次は、もう少し遅いスピードに設定して、挑戦させます。

ほんの少しでも答えられたら「すごいね！」とほめてください。

全部が読める速さまで少しずつスピードを落としていき、全てが読めたときにしっかりとほめてあげましょう。

速さのレベルを3〜4段階に分けて、「レベル1」などとランクをつけておくと、「次はもっとレベルを上げるぞ！」と子どもは意欲を高めます。

レベルアップしたら効果音を出すなど、子どものやる気を引き出す工夫をして、一緒に楽しんでください。


【あそび方②】


慣れてきたら、文字量を少しずつ増やしましょう。

就学前なら6文字×4行くらいまでできれば十分です。

このようなあそびをしていると、文章読みがとても速い子になります。


【あそび方③】


もし、この後で紹介する「部首あそび」などで、ある程度漢字が読めるようになっていれば、文章に漢字を混ぜてみましょう。

先ほどの例なら「青い　空に　白い　雲」となります。

小学生であれば、8文字×6行くらいできるようになります。漢字やカタカナもどんどん加えていきましょう。

折り紙でままごとあそび

1〜10までの数字の意味が分かっていれば、3歳からでも始められます。

【準備するもの】

折り紙、はさみ。

黄色い折り紙が卵焼きで、白い折り紙がかまぼこで、緑色の折り紙がきゅうり、というように、色に合わせて食べ物を決めます。

黄色い折り紙を、卵焼きのように長方形に切って、そこに4等分に分けた薄い線を引いておきます。

白い折り紙は、かまぼこのような形に切って、4等分に分けた薄い線を引いておきます。

【あそび方】

お母さんが、「卵焼きを2分の1に分けます」と言って、黄色い折り紙をはさみで半分に切ります。

「ユウくん、卵焼き、2分の1どうぞ」とお皿にのせて渡すと、子どもは2つに分けた1つが「2分の1」であることを理解します。

次に、「かまぼこを4分の1に分けますね」と言って、先ほど書いた線をはさみで切って、4つに分けます。

「かまぼこ、4分の1どうぞ」とお皿にのせると、子どもは4つに分けた1つが「4分の1」であることを理解します。

きゅうりは、10等分に分けてみてもいいですね。

1回で理解できなくても、何度もくり返すことで理解できるようになります。

そのうちに、「4分の2」と「2分の1」が同じであることも理解できるようになりますし、「2分の1」と「2分の1」を足すと「1」になることも分かるようになります。

「分数のたし算は、分母を同じにして分子だけを足すのです」という教え方で学んだ子どもと、幼い頃からこのようなままごとあそびで「量」として学んだ子どもとでは、算数力に大きな差が出ます。

「半分」と言わずに「2分の1」と言ってみて

算数力を育てる取り組みは、普段のちょっとした声かけでもできます。

私たちは生活の中で「半分」という言葉をよく使います。

ケーキや果物など、3人家族なら一つのものを3等分、4人家族なら4等分する場面は少なからずあるはずです。

人数によって、5等分や6等分する場面もあるでしょう。

そのとき、2つに分けるなら「半分」と言わず、「2分の1」と言ってみましょう。同じように、3つに分けるなら「3分の1」、4つに分けるなら「4分の1」と言うようにします。

分数を習っていなくても、子どもはちゃんと理解できますし、慣れてきたら「3分の2」や「5分の3」だって理解できるようになります。

普段の生活の言葉を替えるだけなのですが、数字を文字ではなく「量」で認識するために、これはとても効果的です。

子どもに論理的に分数を説明する必要はありません。左脳が未熟な幼児にとって、説明を聞いて理解することはまだ難しいからです。

右脳優位の5歳未満の子どもたちとの関わりで大切なことは、「説明」ではなく「くり返し」です。

実際に何かを分ける場面では、できる限り等分にして、あまり大雑把にならないようにしましょう。

雑誌の切り抜きで漢字の部首あそび

漢字は、ほとんどが部首やつくりの組み合わせで成り立っています。部首が頭に入っていると、漢字の習得は簡単です。私の教室では、市販の部首カードを使って、小学1年生クラスの生徒たちが100個の部首を修得しました。すると難しい漢字も抵抗なく楽に覚えられるようになりました。

【準備するもの】

読み終えた雑誌や週刊誌、新聞。

文字（漢字）の多いページを数ページ切り離し、4㎜幅のマーカーも用意しておきます。あるいはお父さんお母さんがパソコンなどを使ってオリジナルの用紙を作れば、お子さんがより楽しく取り組めるでしょう。

【あそび方①】

画数が少なくて簡単な「イ=にんべん」などから始めます。

まず、お父さんお母さんが、「仁」「位」「倍」などの漢字の左側の「にんべん」をマーカーで塗りつぶします。

このとき、「にんべんみぃつけた！」「あっ、ここにもあった！」と楽しそうにやってみせましょう。

そうすると、子どもは「私にもさせて！」と興味を示してきます。

しばらくは親子で「ここにもあるね」と、子どものあそび心を引き出すように取り組みましょう。

お父さんお母さんはもちろん、子どもにも「にんべん」という言葉を何度も口に出させることを意識して取り組むことが大切です。

明日は「てへん」、その次の日は「くさかんむり」と続けることで、子どもはさまざまな部首があることを学びます。私の教室では、使用した市販のカードが100枚セットだったので100個の部首を修得しましたが、必ずしも100個の部首を覚える必要はありません。漢字は部首やつくりで出来上がっていることを知って、漢字に対する興味が少しでも湧いてくれるだけで十分です。

【あそび方②】

部首がだいたい分かるようになったら、次は誰がたくさん部首を見つけられるか、競争をしましょう。

子どもはこのようなゲームが好きです。

「じゃあ、この中から『くさかんむり』をさがしてみよう。競争だよ!」と言うと、集中して取り組むでしょう。

ここでの勝負は子どもに勝たせて、「5個もみつけたの? しょうたはすごいなぁ!」と言って、ほめる機会をたくさん作ってあげましょう。

一度ゲームで使った部首は、カードにして家の中に貼っておき、ときどき「この部首は何?」と聞いてみて、「答えられたらほめる」をくり返すと自己肯定感も同時に高まります。

俳句で言葉のリズムあそび

ご存じのように、俳句は「五・七・五」の十七音の日本語のリズムで表現する「詩」です。俳句といっても、ここでは季語などは気にせずに言葉のリズムあそびを楽しみます。

公園でお散歩しているだけでも、子どもにとってはさまざまな感動が至るところに溢れています。お散歩は、その感動を親も一緒に味わえる大切な時間です。

水たまりにオタマジャクシがいるのを見つけたら、幼い子どもはときめきます。きっと目を輝かせて指をさし、「ママ、おたまじゃくし！」と言うでしょう。この瞬間を活かして「水たまり　おたまじゃくしが　泳いでる」とリズミカルに詠んでみましょう。

夏の暑い日には「ひまわりが　お空にむかって　せいくらべ」、一緒にお風呂に入っているときには「シャンプーが　出すぎちゃったよ　アワアワワ！」

大人でも最初は指折り数えないと、すぐに俳句を詠むのは難しいかもしれませんが、親が指折り数えながら句を詠む姿を見て、子どもはそれを真似ます。このように親子で一緒に感動を俳句にする習慣を身に付けられたら素敵ですね。

俳句は、感性がとても豊かになります。「この子は今感動している！」と気づける親であることは、子育てにおいてとても大切です。

真っ赤な夕日、お花の香り、友達との会話など、普段は素通りしてしまうようなことや他人にとっては些細なことであっても、感動は周りにたくさんあるはずです。俳句は、右脳の感性を育みます。できた俳句は紙に書いて部屋の壁に貼ったり、日記にして残したりするのもいいですね。

「人は何のために生きているか？」という問いに対する答えは人それぞれですが、私は「感動するために生きている」と考えています。

子どもたちが夢や目標を持つきっかけになるのも、何かに感動したときではないでしょうか。他人に共感することができるのも、感性によるものだと思います。日々感動した出来事を俳句にして詠み、それを日記にして残しておけば、数十年後に読み返したとき、当時の感動がよみがえることでしょう。思い出の写真の中には、香りもなければ、小川のせせらぎの音もないし、頬をなでる風を感じることもありませんが、俳句の中には感情と共にそれらが生きているのです。

俳句は十七文字で表現しますが、短歌は三十一文字で表現できるので、考えようによっては、制限がゆるい分、俳句よりも感動を表現しやすいかもしれません。子どもの年齢が上がるにつれて、短歌を学ぶこともおすすめします。どちらにもそれぞれのよさがあるので、自分に合ったものを楽しんでいただけたらよいと思います。

ワンポイントアドバイス①

絵カードや図鑑で、何でも教えられる

絵カード（フラッシュカード）は、市販されていますし、無料でダウンロードして手作りすることもできます。アプリもあり、種類も豊富です。

絵カードのいいところは、実物ではなかなか見ることができないものを、絵や写真で見られるところです。「地球」や「マグマ」などは実物を見せることができないので、絵カードにして見せてあげましょう。

犬にも色々な種類がいます。ポメラニアン、チワワ、柴犬、ゴールデンレトリバー、チャウチャウなど、多くの種類の犬を見せておけば、映像としての脳回路が構築されます。

このときは、まだ絵や写真の映像だけの記憶です。しかし、こうした映像の情報が脳内回路の中に構築されていたら、実際に初めて生きた犬に出会ったとき、なでたときの毛のやわらかさ、なめられたときの舌の感触、よく動くしっぽの様子、温かさや匂いなどが、これまでに蓄積されていた情報とつながり、対象物に対する理解が一気に深まり

ます。

事前に映像記憶を持っている子とそうでない子が、新しい経験や体験をした際、その対象物に対する脳の処理の仕方やスピードの差には大きな違いがあることは想像に難くありません。

都道府県は〝かたち〟とお話で覚える

都道府県は小学校4年生で習います。たいていの子は、都道府県名を文字で覚えようとしますが、幼児や小学校低学年の子に対しては〝かたち〟で教えるほうが簡単です。また学ぶ側にしても楽しいし楽です。さらに言えば、形で覚えたほうが長期記憶として定着しやすいことは体験的に間違いありません。

前述のとおり文字は左脳が処理します。都道府県を文字で記憶した生徒は、そこで収穫される特産物も同様に文字で覚えようとします。一方、右脳を上手に使う生徒は、その都道府県に関するいろいろな情報を映像でつなぎ合わせていくので、左脳優位の生徒に比べ、記憶するスピードも量も、定着度合いもはるかに勝っています。

【準備するもの】

都道府県カード。

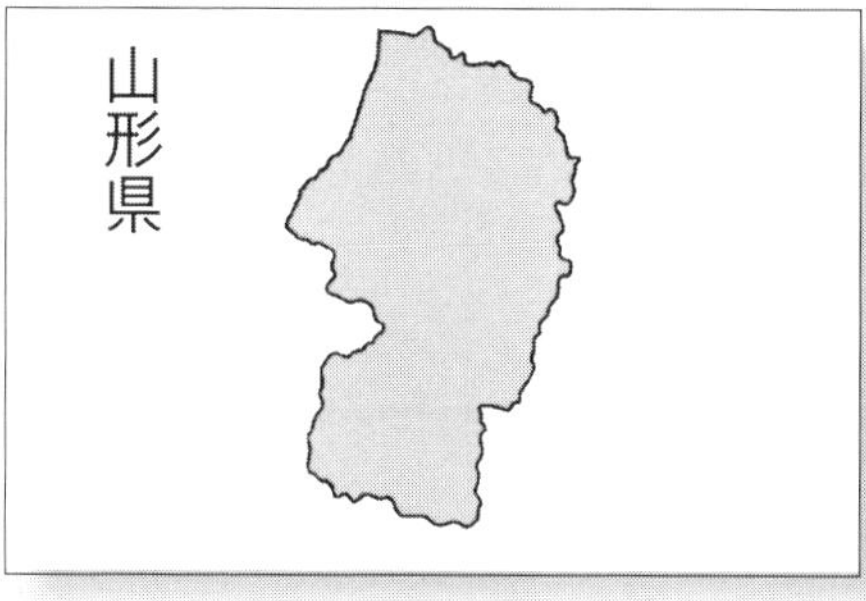

【あそび方①】

山形県の例で見てみましょう。まず、子どもたちに絵①〜③を見せながら「やま〜をみている　やまがたけん♪」と歌います。①の「リュックを背負って山を見ている人」のカードで『やま〜を♪』と歌い、②の「山を見ている人の顔の輪郭が山形県の形になっている」カードで『見ている♪』と歌って、最後に③「実際の山形県の形」を見せながら『やまがたけん♪』と歌います。

幼児は右脳優位の状態なので、この3枚の絵を見せただけで、山形県の形が2枚目の絵カードの顔に見えるようになります。

このようにして47の都道府県を、歌と形で覚えてしまいます。

私の教室ではこの取り組みを2歳児から始めますが、みんな上手に覚えてくれますし、年に1度の発表会では、大勢の皆さんの前でその成果を発表しています。

【あそび方②】

さらに知識を増やしましょう。

絵②の人は口を開けていますので、「山形県は毎日さくらんぼを食べるんだよ。

ぱくぱくぱく」と言いながら、口のところにさくらんぼを描きます。

次に「将棋の駒も食べちゃうんだって〜」と言って将棋の駒の絵を描きます。

子どもは「えー！　そんなの食べられないよー！」と笑うかもしれません。

その後、さくらんぼと駒の絵を消して、「ここに何があった？」と聞いてみましょう。みんな大きな声で自信満々に答えてくれます。

山形県は、さくらんぼ生産量が日本一で、将棋の駒も同じく日本一の生産量を誇ります。

県内を流れる川も覚えてしまいましょう。

「もみあげ長〜い　もがみがわ♪」と歌いながら、絵②の人にもみあげを書き足すと、ちょうど最上川の形になります。

次に、「最上川の形は数字の7の形だねー」と言った後に、「さて最上川は日本で何番目に長い川でしょうか？」と質問すると、生徒たちはだいたい「7番目？」と半信半疑な面持ちで答えます。「そうです。最上川は日本で7番目に長い川で〜す」と教えてあげると、それも一瞬にして記憶に留まってしまいます。

都道府県に流れる主要な川や特産品は、中学受験にも出題されるのですが、幼児でもこのような歌と映像で教えると、あそび感覚で楽しく覚えてくれます。
この都道府県カードは購入することができますので、左記にお問い合わせください。

未来こども工房合同会社
〒604-0022 京都市中京区御池之町323 ミサワ京都ビル5F
電話：075（555）3221（13時〜21時）担当／西岡
ホームページ https://mkkoubou.com/

数字のペグあそび

「ペグ」には、釘とか杭という意味があります。

【準備するもの】

います。

「01」から「99」までの数字のカード。手作りしてもいいですし、市販もされて

それぞれの数字カードに、映像を伴った言葉を当てていきます。数字に杭のように映像を固定させるのです。例えば「35」なら「サンゴ」、「85」なら「はこ（箱）」、「27」なら「フナ」というような感じです。

そもそも数字は左脳が司る対象なので、右脳でイメージ記憶するのは難しいのです。数字を映像化しやすくするために、数字のゴロ合わせを活用して、その映像をペグとして活用します。

【あそび方①】

カードをシャッフルして、ホワイトボードや床に1枚ずつ横に並べていきます。

例えば「35」が出たら、「3、5だからサンゴだね」と言ってサンゴ礁をイメージさせます。「次は8、5だから箱だね。サンゴを箱に入れようね」と言って、箱にサンゴが入れられている様子をイメージさせます。

「次は2、7だからフナだね。フナはこの箱に水を入れて、一緒に入れてあげよう

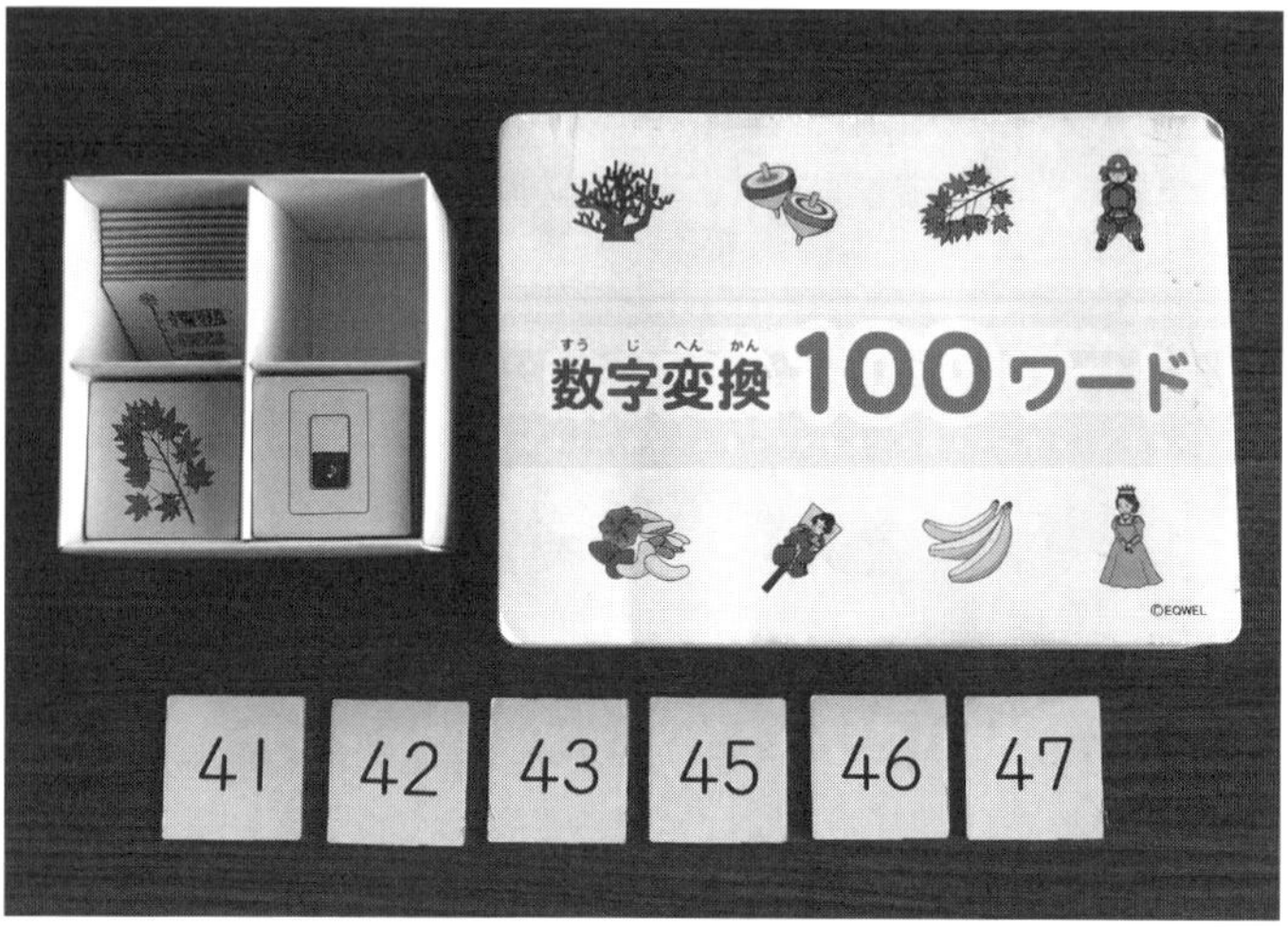

ね」と言いながら、お話を作っていきます。そうやって10枚のカードを横に並べると、全部で20ケタになります。

次に、全部のカードを裏返しにします。そして「最初のカードの数字は何だった？」と聞きます。子どもは、最初のカードが「サンゴ」であった映像を思い出して、そこから「35」という数字を導き出します。「35」と答えられたら、「そうだね」と言いながらカードを表にします。

次のカードも「85」と答えられたら「そうだね。サンゴを箱に入れたね。すごいね」というふうに、お話のおさらいをしながらカードを表にしていくと、1列の20ケタはすぐに覚えられるようになります。

下にもう1列、同じように10枚、お話を作って並べていくと、40ケタまで増やせます。

10枚一気に増やさずに、カードを1枚ずつ増やしてもいいでしょう。

【あそび方②】

6歳くらいになったら、自分でお話を作るように促してみましょう。

子どもによっては、サンゴを箱の中に入れず、箱の上に置くかもしれません。フナがそれを食べちゃって……。そんなストーリーになるかもしれません。

カードを並べる時間を速くすれば、そんなにゆっくり考える時間はありませんので、その場ですぐにお話を作る創作スピードが高まります。

小学校4、5年生になると、100ケタくらい自分でお話を作って覚えられるようになります。

※「数字のペグ教材」はEQWELチャイルドアカデミーにて購入することができますので、最寄りの教室にお問い合わせください。

リンク法あそび

リンク法は、その名のとおり物の名前を鎖のようにつないで記憶していくあそびです。

【準備するもの】

サル、空、ロケット、ギターなどのイラストが描かれた絵カード。

手作りするときは、雑誌や週刊誌などから絵を切り抜いて、無地のカードに貼ってもいいでしょう。パソコンのパワーポイントが使えるご家庭であれば、簡単に大量に作ることが可能ですし、パワーポイントを使ってあそびを進めることができます。

【あそび方①】

まず、1枚目のカードを見せます。それがチョウだったとします。

次に2枚目のカードを見せます。サルだったとしたら、「チョウが飛んできて、おサルさんの頭に止まりました」とお母さんがお話を作って子どもに伝えます。要領は先ほどの「数字のペグあそび」と同じです。

3枚目に船のカードが出てきたら、「おサルさんは、頭にチョウのリボンをつけたまま、船に乗って旅に出かけます」というように自由に創作します。

そのようにしてお話を作りながら、カードを裏返しにしていきます。

「じゃあ、1枚目から順番に、何が出てきたか思い出せるかな?」と聞いてみて、子どもに順番に答えさせてあげましょう。

最初は5枚くらいから始めてみて、慣れてくれば10枚、15枚、20枚と増やしますが、カードの枚数は年齢や能力に合わせて調整しましょう。

私の教室では、小学校高学年の生徒たちが1000枚を記憶して、発表会を盛り上げました。

【あそび方②】

次は、子どもに自分でお話を作らせてみましょう。

「お母さんがカードを出していくから、自分でお話を作ってみて」と言って、カードを1枚ずつ見せます。

どんなにおかしなお話でも、突飛な想像でもいいのです。そのお話に、「おもしろい」「楽しい」「怖い」「悲しい」などの感情をのせると、感情を司る右脳が働き、記憶はより楽になります。

例えば、「チョウは、おサルさんの鼻のてっぺんに止まりました」と言ってゲラゲラと笑うかもしれませんし、「チョウの目からビームが出て、おサルさんが真っ黒こげになっちゃった！」と言いながら、「かわいそう」と思うかもしれません。

【あそび方③】

リンク法あそびは、カードを使わずに、音（耳）だけでもできます。

自分でお話が作れるくらいまで慣れてきたら、ぜひ挑戦してみましょう。

例えば、お母さんが「チョウ、サル、船、東京タワー、リンゴ……」と、ゆっくり単語を聞かせます。そして、どんな順番で何が出てきたかを、子どもに当ててもらいます。

サウスカロライナ医科大学の研究者は、精神的なイメージと視覚が脳の同じ視覚領域を使用している、という内容の論文を科学雑誌『Current Biology』に報告しています。つまり、耳で聞いたものをイメージしたとき、脳は、目で見たときと同じ部位（視覚野）が働くことが分かっています。

小学校の授業では先生が多くを話し、教科書には大量の文字があるため、耳から入ってくる情報や文字の情報が増えます。耳で聞いたり本で読んだ言葉をイメージに変えるあそびをたくさんしておくと、先生のお話が映画のように見えるようになるかもしれませんね。

速読できるようになる迷路あそび

本に限らず、私たちは文字を通して多くの情報を取り入れています。1冊の本を5〜6分で読むような超スーパー速読ではなくても、読むスピードが速いに越したことはありません。

迷路あそびは「周辺視野」を広げます。迷路を進むとき、先の先まで読み取ることができれば進むスピードは速くなります。周辺視野が広がると、本を読むときも先の先まで文字を見ることができるようになるので、読むスピードが速くなります。

読書に限らず、周辺視野が広がることでスポーツはもちろん、その他多岐にわたって役立つことがたくさんあります。

【準備するもの】

Ａ４サイズの透明なクリアファイル、Ａ４サイズの方眼紙（方眼紙がなければ白紙でもＯＫ）。

Ａ４サイズの紙の中心に交わりがくるように、十字に軽く折り目をつけてＡ、Ｂ、Ｃ、Ｄの４つに区分して、それぞれのエリアに迷路を作ります。

４つの区分に分ける理由は、作成の際小さな区分から仕上げていくと楽になるからですが、必ずしも分けて作成する必要はありません。一気に全面を仕上げてしまってもかまいません。

分かれ道で迷ったとき、正解でない方向に進むと行き止まりになったり、遠回りになったりするように作成します。間違った道に進んでしまった際、その道が長ければ長いほど難易度が上がるので、能力に応じて難易度を調整しましょう。

出来上がった迷路を裏返しにして、薄く透けて見えている線に合わせて濃い線を書くと、裏表の両面に異なった２種類の迷路が完成します。

完成した迷路をクリアファイルに入れたら準備完了です。

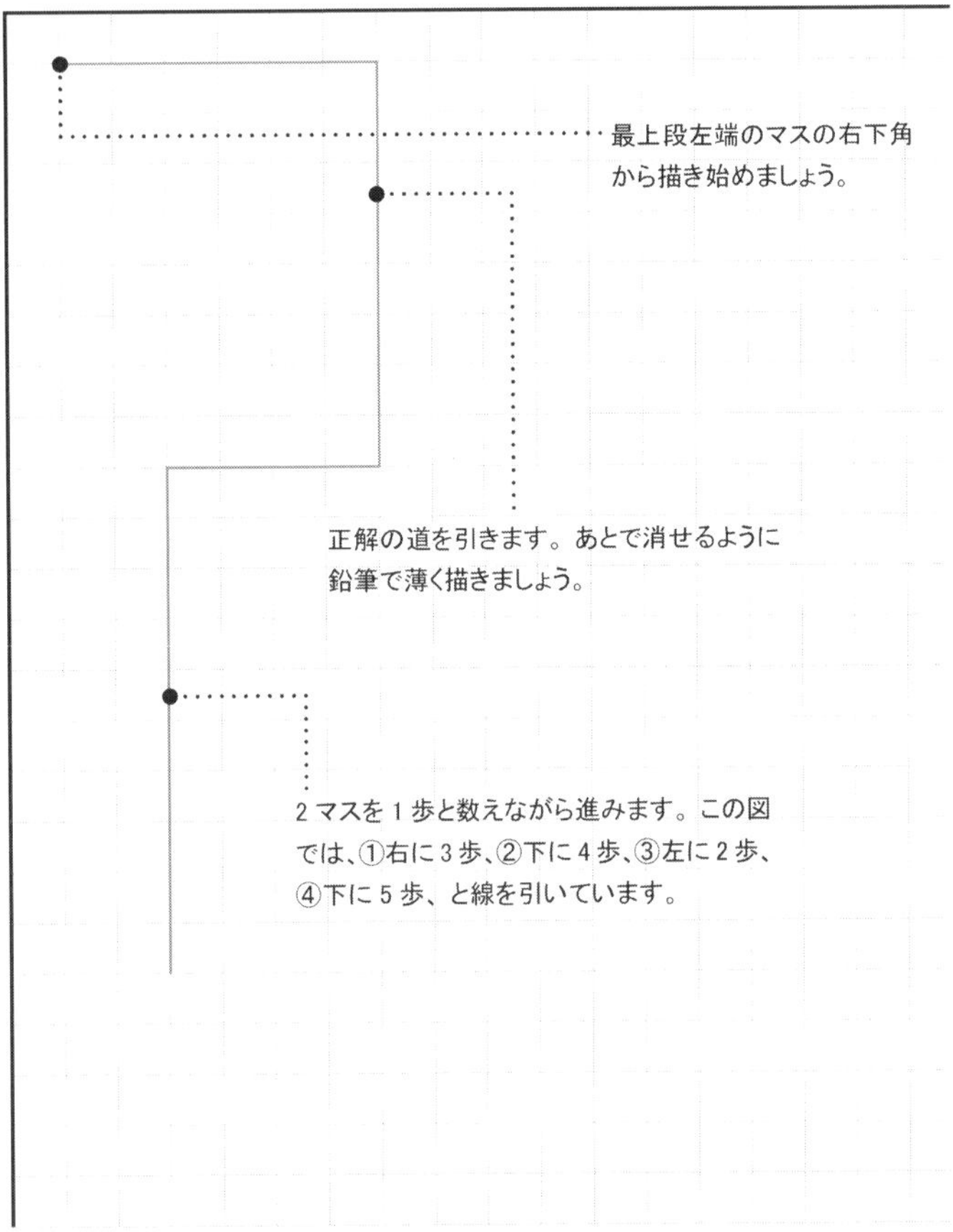
最上段左端のマスの右下角
から描き始めましょう。
正解の道を引きます。あとで消せるように
鉛筆で薄く描きましょう。
2 マスを 1 歩と数えながら進みます。この図
では、①右に 3 歩、②下に 4 歩、③左に 2 歩、
④下に 5 歩、と線を引いています。

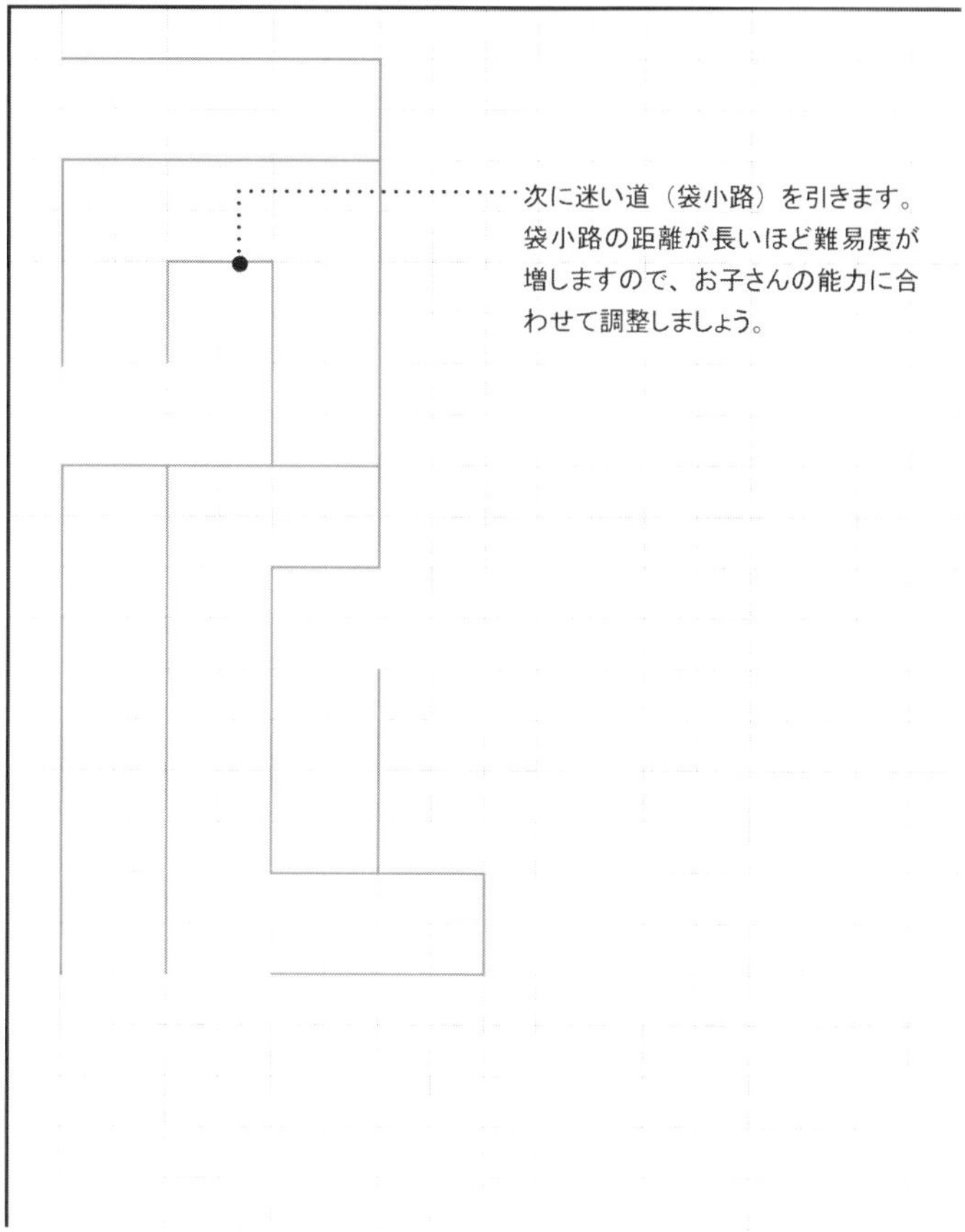
次に迷い道（袋小路）を引きます。
袋小路の距離が長いほど難易度が
増しますので、お子さんの能力に合
わせて調整しましょう。

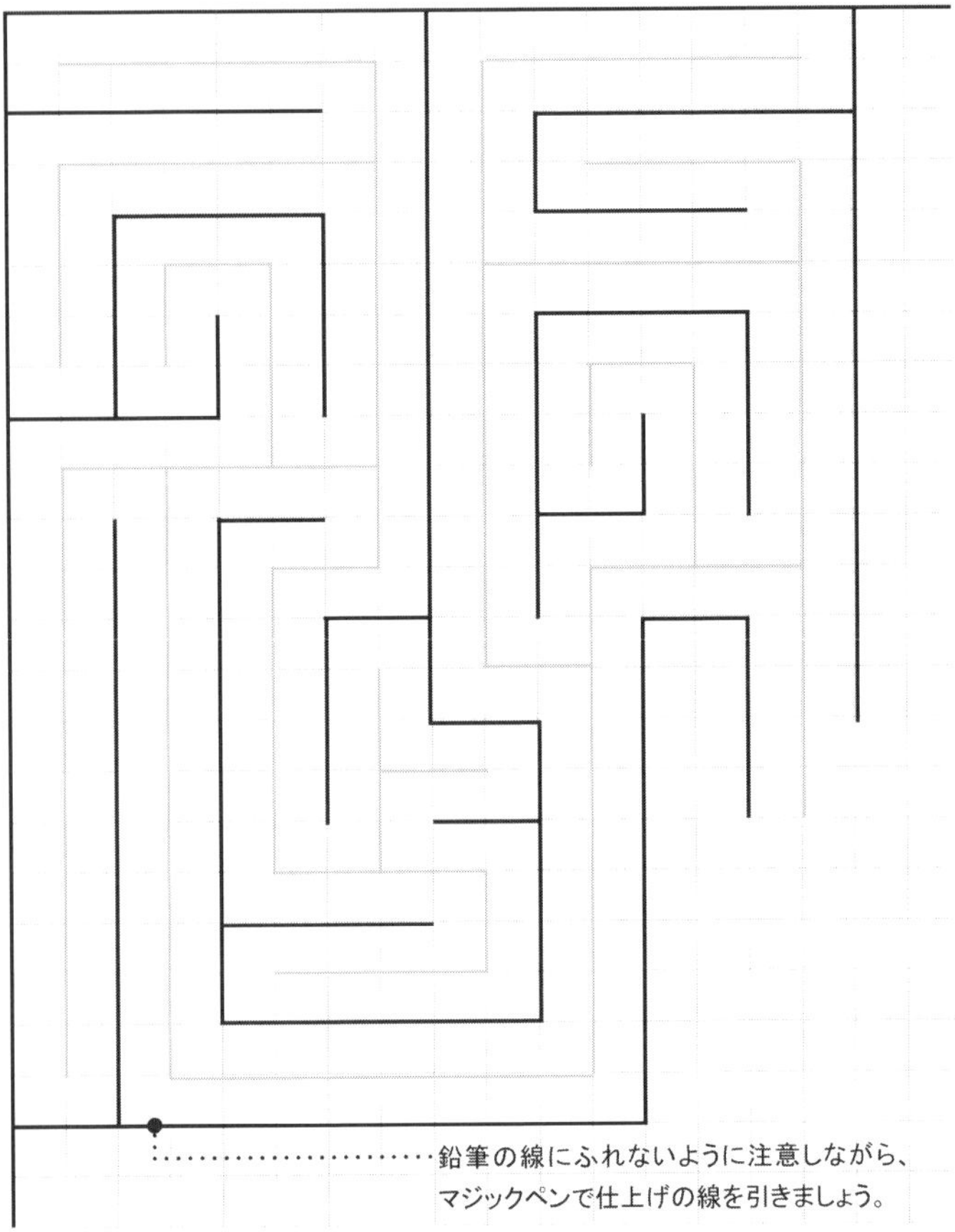

鉛筆の線にふれないように注意しながら、
マジックペンで仕上げの線を引きましょう。

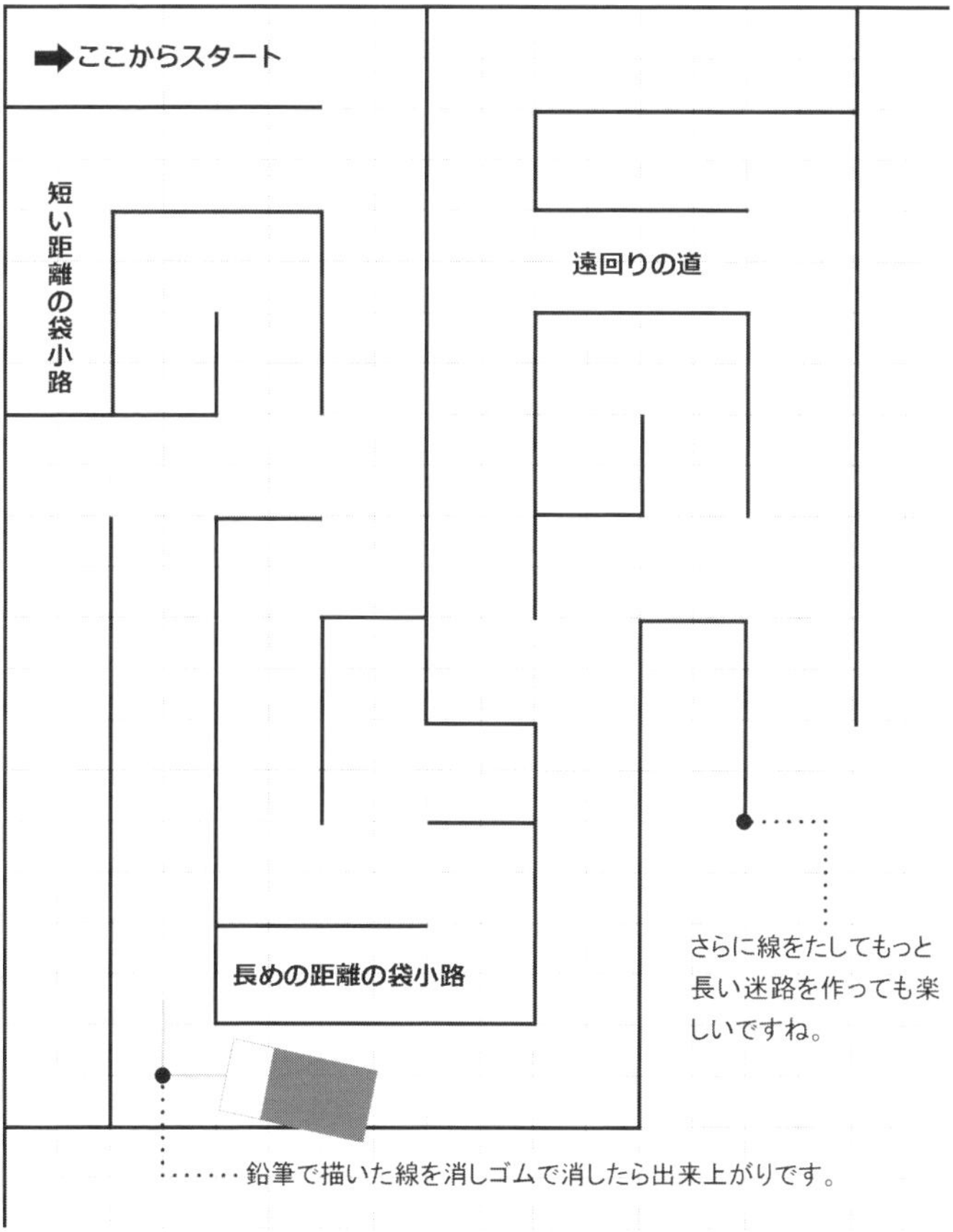
ここからスタート
短い距離の袋小路
遠回りの道
長めの距離の袋小路
さらに線をたしてもっと長い迷路を作っても楽しいですね。
鉛筆で描いた線を消しゴムで消したら出来上がりです。

【あそび方】

迷路は水性マーカーでたどるようにします。そうすると、消すことができるので何度でも使えます。

上下反対にセッティングしたり、縦横の向きを変えたりすれば、1枚で8種類の迷路になります。

お子さんの能力に合わせて迷路の難易度を調整しましょう。

このようなあそびをくり返すうちに、本人は普通に本を読んでいるつもりでも、周囲の生徒に比べると断然速いという結果をもたらします。

低学年のカテゴリーに入れましたが、就学前から12歳まで楽しく取り組むことができるあそびです。

漢字は何度も書かなくたって覚えられる

漢字はイメージ（映像）で覚えることができます。何度も書いて覚える方法もありますが、イメージで覚える方法を修得すると、右脳はより活性しますし、時間の短縮にもなります。同時に集中力も高まり、アルファ脳波になりやすい癖ができあがります。

【準備するもの】

白紙または市販のノートと鉛筆。

【あそび方】

「花」を書いてみましょう。始める前に「花」の字を見せて「これは『はな』という漢字だよ」と伝えておきましょう。

まずお母さんが、白紙またはノートにゆっくりと「シュー」と効果音を発しながら、横線を1本書きます。子どもはそれを見ています。次に「シュッ、シュッ」と言って、横線に縦線を2本加えます。これで、草かんむりができました。次はその左下に「シュウー」と言ってカタカナ「ノ」の字を書きます。次はその下に「シュー」と言って縦線を一本加えて「にんべん」が出来上がります。次にその右隣りに同じように「シュウー」と言ってカタカナ「ノ」の字を書きます。最後に「釣り針ね。シュー、シュッ」と言って、最後の跳ねの部分までイメージしやすくなるように、効果音を工夫しながら書きます。

この様子を落ち着いて、アルファ脳波の状態で見ていた子どもには映像がはっきりと見えているはずです。

今度は、子どもに「お母さんが書いたように書いてみて」と言って書かせます。そのとき、子どもが線を引く動作に合わせて先ほどと同じように効果音を発してあげると、あそびの要素が加わるので子どもは喜びます。

もちろん「花」の漢字に至るまでに、もっとやさしい漢字から始めることが大切です。左は、小学校1年生で習う漢字の画数別一覧です。画数の少ない漢字から練習し、7画の漢字に到達した頃には、イメージがかなりはっきりと見える状態になっているでしょう。

お母さんが「新しい漢字を覚えようか？」と誘った時点で、すぐにアルファ脳波になる癖さえも身に付いているかもしれません。

- 九七十人二入八力
- 下口三山子女小上夕千川大土
- 円王火月犬五手水中天日文木六
- 右玉左四出正生石田白本目立
- 気休糸字耳先早竹虫年百名
- 花貝見車赤足村男町

こうしたあそびを続ければ、小学2年生になる頃には、お母さんの手助けがなくても、自分ひとりのイメージで新しい漢字が覚えられるようになります。

小学校では新しい漢字を習う際、練習帳に何度も書かせるのが普通です。

書きながらほかのことを考えていても、誰かとおしゃべりしながらでも、不思議と手は動いてしまうものです。結果覚えていなかった、という学生の頃の経験がおありの方も少なからずいらっしゃるのではないでしょうか。何度書いたとしても覚えていなければ意味がありません。書く回数より、書くときの集中力のほうが大事なのです。

漢字は、部首やつくりの集まりなので、このときの基礎になるのが、本章で紹介した「部首あそび」です。

ストーリー（お話）で円周率を暗記する

先ほどご紹介した「数字のペグあそび」の応用編です。

お話で記憶する例として、円周率の覚え方をご紹介します。

まずは次のお話を、絵本の読み聞かせのように子どもに聞かせてみてください。

家の玄関を出ると「石」がありました。

石の上に、おいしそうな「イチゴ」が置いてありました。

そのイチゴを食べようと思ったら、誰かが「靴」で踏んでしまいました。

その人はお「婿（むこ）」さんでした。

お婿さんは「サンゴ」でできた大きなブローチをつけていました。

すると「野球」のボールが飛んできてブローチに当たり、サンゴは粉々に壊れてしまいました。

お婿さんは「泣く」のです。

ボールを投げた男の子はお婿さんに謝って、おわびにお「札（さつ）」を渡しました。

お婿さんは、式場のお「宮」にお参りに行きました。

お宮の裏手には、いつの間にか、お「城」が建っていました。


子どもたちは「男がサンゴのブローチなんて変だよ」とツッコミを入れたり、ゲラゲラ笑ったりしながら聞いてくれます。

では、この話に出てきた言葉を、数字に置きかえてみましょう。

石（いし）＝14
イチゴ＝15
靴（くつ）＝92（2＝two「ツー」）
婿（むこ）＝65
サンゴ＝35
野球（やきゅう）＝89
泣く（なく）＝79
札（さつ）＝32（2＝two「ツー」）
宮（みや）＝38
城（しろ）＝46

実はこれ、円周率の小数点以下20ケタです。
紙芝居のように絵を見せながら聞かせると、なお効果的です。

私は、このようなストーリーを500ケタまで作りました。それを教室の子どもたちに聞かせたところ、全員が見事、500ケタまで覚えることができました。

前章でもお話ししましたが、その後「その続きが知りたい！」という生徒が出てきたので、自分で挑戦してもらいました。その結果、5000ケタを暗記して「右脳オリンピック大会」円周率記憶部門で日本一に輝いたのです。

一度コツをつかんでしまえば、周囲が驚くようなことでも、本人にとっては案外楽しくできるのです。ここでいうコツとは、右脳の映像の力を上手に活用できるようにしておくということです。

先日「日本一の頭脳・驚異の記憶力を持つ少女」というタイトルで、毎日放送のテレビ番組「日曜日の初耳学」で高岡柚月さん（14歳）が紹介されていました。

バラバラに並んだトランプ52枚を59秒で記憶した記録保持者です。さすがに高岡さんほどではありませんが、この本のとおりに実践すればトランプ52枚記憶のような能力を開発することは、可能です。

頭、目、口などの体の部位を使った記憶法

この記憶法も、ペグあそびと同じ考え方で、体の部位をペグにします。

私たちは買い物をするとき、忘れないようにメモ書きをしますが、イメージを使えば10個くらいは簡単に記憶できます。もちろん短期記憶は買い物以外のさまざまな場面で活用できますし、慣れればさらに多くの記憶もできるようになります。

体の部位だけでなく、自分の家の中の部屋や冷蔵庫などの道具、あるいは通勤通学の道の途中にあるお店なども、順番を決めて番号を付しておくと同様に活用できます。

【あそび方①】

はじめは、頭のてっぺんが「1」、口が「2」、首が「3」、胸が「4」、おなかが「5」くらいの簡単なところから始めましょう。

さあ、今日のお手伝いは買い物です。お母さんに頼まれた品物は、味噌、大根、長ネギ、しらたき、白菜です。イメージするのは自分の体である必要はありません。お父さんでもいいのです。

例えばお父さんの頭「1」にポマードのように、味噌がべっとりついている様をイメージします。

口「2」には大根をくわえています。

首「3」には長ネギを巻き付けています。

胸「4」にはしらたきがまるで胸毛のようにもじゃもじゃと貼り付いています。

おなか「5」には白菜のチャンピオンベルトが重そうです。

このように、おもしろおかしくイメージすると、感性を司る右脳が同時に映像記憶を助けてくれます。一度映像化された記憶はなかなか消えないので、買い物くらいの短い時間の記憶なら問題なく活用できます。

イメージを強化するためには感情を使うとよい、と前章でもお伝えしましたが、例えば「口にくわえた野菜を忘れてしまいそう」と感じたら、「加えた大根が重くてあごが疲れた」とか、「大根の汁が辛くてのどがヒリヒリしている」とか、「大根の汁があごからしたたり落ちている」など、感情に助けてもらうとイメージは消えにくくなります。

このような記憶の使い方をしているだけで、子どもの五感のイメージ力は徐々に高まり、知らず知らずのうちに勉強に活用するようになります。

【あそび方②】

慣れてきたら、頭のてっぺんを「1」、額を「2」、眉毛を「3」、目を「4」、鼻を「5」、口を「6」、耳を「7」あごを「8」、のどを「9」、肩が「10」という具合に、体の部位を増やしていきます。もちろん頬っぺたも入れたいのであれば、自由に取り入れましょう。

11以上が必要になれば、胸やおなか、太もも、ひざなど、どんどん継ぎ足していくことも自由です。

体の部位以外に、数字に似た形をしたアイテムを記憶のペグにする方法もあります。

スカイツリーは縦に長く伸びているので「1」、白鳥は数字の2の形に似ているので「2」、耳は数字の3の形をしているので「3」、ヨットは「4」、カーリングのストーンは「5」、「6」はサクランボ、「7」サーファーが好きな大波、「8」は雪だるま、「9」はおたま、「10」は野球のバットとボール、「11」はお箸という具合です。

これは、先ほどの買い物と違って、順番で記憶しなければならないときに活用すると便利です。

1.5倍速の歴史ソングで難語もスラスラに

第2章でも少し触れましたが、6年生で習う歴史の難しい言葉も、3年生から楽しく覚えることができます。

【準備するもの】

歴史ソングのCD（本書で掲載した作品以外にも複数の会社から同様のCDが発売されています）。

市販のCDには、1倍速と1・5倍速の両方が収録されているので、使い分けができます。

ソングの歌詞をプリントにして子どもに渡してください。

例えば「竪穴住居に住み着いて　貝塚できた　縄文時代」というように、習っていない漢字が入っていても大丈夫です。ふりがなを振ってもいいでしょう。

【あそび方】

「今から歌を流すから、よーく聞いてねー。途中で止めるから、どこで止まったか当ててね。すっごい速いよー。いくよ～」と言って、CDを1・5倍速で聞かせます。

そのとき、歌詞を指でなぞらせてください。

途中でCDをストップして、「どこで止まった？　止まったところを指でさしてね」と伝えます。

たいてい小学3年生の生徒たちは、最初はうまくいきません。止まった指が違うところをさしていたら、「正解はここだよ」と教えて、指を正しいところへ直します。そこからまた「続きいくよ。指でしっかりついてきてね」と言ってCDを流します。プリントに書かれている歌詞は長くありませんので、3回くらいストップしたら終わってしまいます。

1巡目はほとんどできないので、おそらく子どもは「もう1回やりたい！」と言うでしょう。そこが狙いです。要望に応えて2、3回ほど再挑戦させてあげましょう。

そうして何度かくり返すうちに、どんどんできるようになります。

しまいには、CDに出てきた「墾田永年私財法」や「平等院鳳凰堂」などの難しい歴史の言葉を覚えてしまいます。

ここでは言葉の意味を教える必要はまったくありません。これは勉強ではなく、ただ当てられるか、ついてこられるかどうか、というだけの〝あそび〟だからです。

また、どのあそびもそうですが、子どもは何度もやりたがりますが、「もう1回やろう！」と言われても、「また明日ね」と言って、2、3回で終わりにしましょう。

「もっとやりたかった」という気持ちを残しておくと、次に始めるときに、すぐにモチベーションが上がりやすくなります。

歴史用語がもっと定着する虫食いプリント

1・5倍速で歌詞を覚えたら、次のステップに進みます。

先ほどと同じ歌詞のプリントを使いますが、今度はところどころ虫食いにします。

例えば「竪穴住居に住み着いて　貝塚できた　縄文時代」なら「竪穴」や「貝塚」「縄文」を消して、四角い枠だけにします。

パワーポイントがあれば、枠の答えが順番に出てくるように作っておくといいでしょう。

【あそび方】

「じゃあ、ここに何が入るか、一緒に歌いながら当ててね」と言います。もう子どもは覚えているので、言いたくてうずうずです。

CDは、通常の1倍速で流します。

そして「竪穴」という歌詞が出てきたときに、パソコンやタブレットの画面にも「竪穴」と出るようにします。「貝塚」のところでは画面に「貝塚」と出します。そうすると、子どもは「たてあなじゅうきょに♪」と歌うと同時に目の前に答えが出てくるので、自分が答えた気持ちになって快感なのです。

「正解！　全部覚えていたね！　すごいね！」とたくさんほめてください。

もちろん、プリントだけでも十分達成感は得られます。

プリントを使って出力する際は、虫食いの部分で、大きな声で答えが言えるかどうかを確認してください。子どもにとっては、答えが言えることが快感のようです。

お父さんお母さんに余裕があれば、出てきた歴史の用語を説明しましょう。簡単でいいのです。

写真や絵などを見せて「縄文時代は、こんな家に住んでいたんだよ」「貝塚は昔のごみ捨て場だよ。貝がたくさん出てきたから、貝塚っていうんだよ」などと説明します。

そうすると、耳からの音と、目からの文字と映像で、記憶がしっかり定着します。

もし、子どもが中学受験をすることになった場合、歴史の学習を6年生から始めていては、受験に間に合いません。3年生から、このようなあそびで覚えるようにすると歴史が好きになりますし、6年生のときには、すでにほとんど知っているので、勉強がとても楽になります。

ワンポイントアドバイス②

文字がきれいに書けない子は、目の焦点がずれている可能性も

私たちの目は、右目と左目の両方から入ってくる情報を、脳の中でまとめあげて、見た物を認識しています。

しかし、右目から入ってくる情報と、左目から入ってくる情報が、脳の中でちゃんと処理されず、ずれてしまうと、対象物をよく認識できないことがあります。

授業中は、黒板を見たり、手元の教科書を見たり、また黒板を見てノートに書き写したりと、目は遠くと近くを頻繁に行き来します。しかし、焦点を合わせるのが苦手な子は、授業についていけなくなってしまうことがあります。

もし、なかなか字がきれいに書けない、どうしても字がノートの枠からはみ出す、という場合は、両目の焦点を合わせる「視機能」に問題がある可能性があります。

程度に差はありますが、私の感覚では10人に1人は当てはまるのではないかと感じています。

その子自身は生まれたときからそういう見え方をしているので、他人と比べることもできず、自分の見え方がおかしいと認識していません。親も、子どもがどう見えているのか分かりません。また、病院や学校の視力検査では、片目ずつ、決まった距離で測ります。そのような測定では問題がないと診断されるので、視機能に関する問題は気づかれにくいのです。

今、特別支援学級の子どもが増えていますが、その中には、この視機能に問題があるために学習が困難になっている子も相当数含まれていると思われます。

もし、思い当たることがありましたら、ぜひ一度検査を受けてみてください。

視機能は「目の学校」などの専門の施設で検査を受けることができます。視機能に問題があったとしても、トレーニングによって改善される可能性は十分ありますので、過度に心配しないでください。

英語はABC（エービーシー）と教えないで！

英語を学ぶ際に、Aを「エー」Bを「ビー」Cを「シー」と教えてしまうと、英単語を読む際、混乱を生じさせてしまうおそれがあるので、気をつけたいところです。

例えば、dogは「ドッグ」と発音しますが、「エー、ビー、シー……」の読み方しか知らない生徒は、これを「ディー、オー、ジー」としか読めません。あるいはローマ字を学習した生徒が、人名であるMike（マイク）を「ミケ」とローマ字の発音で読むなど、混乱を生じるケースも多々あります。

dogを「ドッグ」と読み、Mikeを「マイク」と読むためには「フォニックス」と呼ばれる読み書きのルールを学ぶことが大切です。

簡単ではありますが、次の一覧はフォニックスの基本の発音方法です。

表　フォニックス一覧表

a	b	c	d	e	f	g
ア	ブ	ク	ドゥ	エ	フッ	グ
h	i	j	k	l	m	n
ハ	イ	ジュ	ク	ル	ム	ンヌ
o	p	q	r	s	t	u
オ	プ	ク	ゥル	ス	トゥ	アッ
v	w	x	y	z		
ヴ	ゥワ	クス	ィヤ	ズ		

英語の発音をカタカナの文字で表すのは難しいのですが、aは、実際は「エ」と「ア」の間の発音に近いと言ったほうが正確かもしれません。あるいは「エイ」と読む場合もあります。

例えば「エ」と「ア」の間の発音として読む語には、cap「キャップ」（帽子）や、cat「キャット」（猫）が挙げられます。angel（エンジェル）は「エイ」の発音なので、正しくは「エインジェル」と発音します。

Bの発音は上唇と下唇が一度くっついた後、離れる瞬間の「ブッ」という音です。Cは「クッ」という音に近いのですが、唇をとがらせた状態の「クッ」ではなく、少し口を開いた状態で発する音です。

フォニックスは、ネイティブの発音を聞きながら学習したほうがより正確なので、ユーチューブなどの無料動画サイトなどを活用されるとよいと思います。

左は、私が勧める動画サイトの一つです。ご参考までに。

【毎日5分のフォニックストレーニング】アルファベットA to Z
https://www.youtube.com/watch?v=vquQ0cOXSN4

アルファベットをフォニックスで覚えると、初めてcatという文字を見たとき、その意味を知らずとも「キャット」と読めるようになります。

一覧表の基本ができるようになったら、sax（サックス）、six（6）、sex（性別）、sox（靴下）のように、3語の単語の1文字だけを変化させて読むフォニックスあそびを取り入れると、子どもは「自分で読めた！」という実感があるので、「私はできる！」という自信につながりフォニックス学習を楽しんでくれます。

英語にはパターンのようなルールがありますが、それも簡単な説明とくり返しで修得させたほうが早く仕上がります。例えば「単語の語尾に『e』を加えると違う読み方になるよ」と伝えて、いくつかのパターンを体験させると、そのルールが自然と身につきます。

例：mat（マット）→mate（メイト）、sit（シット）→site（サイト）、hop（ホップ）→hope（ホウプ）などです。

アルファベットは26個あり、それぞれに発音があります。その発音は、別のアルファベットと組み合わされると違う発音に変わるパターンもあるので、英語って大変だなぁと感じている中学生は少なくないと思います。だからこそ、小学生のうちに慣れ親しんでおくことが大切です。ユーチューブなどを上手に活用しながら、ご家庭で親子で楽しんでください。

小学校中・高学年（10〜12歳）

オレンジカードでイメージ映像を強化する

小学校高学年になると「一緒にイメージトレーニングをしよう」と誘っても素直に応じてくれないかもしれません。そんなときは、興味を引く〝道具〟を使ってみましょう。

ここでは「オレンジカード」を紹介します。中学生でも「おもしろい！」と熱心に取り組んでくれます。

【準備するもの】

オレンジ色の蛍光色の画用紙を切って、はがきサイズかその半分くらいのサイズの長方形を作ります。その真ん中に、直径2㎝くらいの青色の円形のシールを貼ります（蛍光色の画用紙も、青色の円形のシールも市販されています）。

裏面には真っ白の画用紙を貼ります。オレンジ色の画用紙と真っ白の画用紙が2枚重なることで強度も増します。


【あそび方】


まず、オレンジ色の面の青色の円形を、ゆっくりと深呼吸しながらじーっと1分ほど見つめた後、カードを裏返しにします。すると、裏の真っ白の面に、不思議な映像が映っていることに気がつきます。

そこには、水色の長方形と、その真ん中にオレンジ色の円形が映っているはずです。それは、先ほど見つめていたオレンジの長方形と青色の円形の残像で、色が反転して見えているのです。

「見えない」というお子さんには、ゆっくりと落ち着いて深呼吸しながらオレンジカードを見つめるように促してください。深呼吸することで脳に多くの酸素が供給され、映像はより鮮明に見えてきます。

これをくり返すと、反転した残像ではなく、オレンジの長方形と青色の円形が見えるようになります。これこそが「イメージ映像」です。

このように、右脳を活性化させるあそびをくり返すことで、漢字や英単語などが映像で見えるようになります。

私の英語クラスの生徒たちは、英単語を何度も書いて覚えるのではなく、皆イメージで覚えていますし、これまで卒業していった数千人の生徒たちも、みんなそのように右脳を活用していました。イメージで覚えることがごく当たり前のこととして定着しているのです。

ペグの記憶法・上級編

低学年で紹介した「数字に似た形をしたアイテムをペグにする記憶法」の上級編です。

日本の歴史年表を暗記する場合、順番は大切です。小学校で学ぶ年表は次の順番になっています。

①縄文時代、②弥生時代、③古墳時代、④飛鳥時代、⑤奈良時代、⑥平安時代、⑦鎌倉時代、⑧室町時代、⑨安土桃山時代、⑩江戸時代、⑪明治時代。

では、この歴史年表を順番に覚えてみましょう。

①縄文時代「1」……スカイツリーに縄が巻き付いている様をイメージします。

②弥生時代「2」……白鳥の背中にやよいちゃんが乗って、湖をクルージングしています。

③古墳時代「3」……耳の中から「コフン、コフン」と咳払いの音が聞こえてきます。

④飛鳥時代「4」……ヨットの帆先に飛んで来た鳥が止まりました。

⑤奈良時代「5」……カーリングのストーンを押し出すとき、おならが出てしまいました。

⑥平安時代「6」……サクランボを食べたら、平安な気持ちになりました。

⑦鎌倉時代「7」……サーファーたちが鎌倉の海でサーフィン大会です。
⑧室町時代「8」……小室哲哉と安室奈美恵が雪だるまを作っています。
⑨安土桃山時代「9」……おたまで土鍋の中から桃をすくいあげました。
⑩江戸時代「10」……江戸城で野球大会です。
⑪明治時代「11」……明治チョコレートをお箸でつまんで食べます。

この記憶法は、時代の漢字が読めて、11の時代があることは知っている、というレベルの小学6年生以上に適用できます。

暗記力が高まるだけでなく、イメージ力も高まるため、勉強はもちろん、目標達成能力も同時に高まる記憶法です。

空間認識力が高まるサイコロイメトレ

難関中学の入試問題として出題される空間図形問題にも十分に対応できるイメージトレーニングです。

はじめは少し難しく感じるかもしれませんが、あそび感覚で楽しんでいるうちに、五感の感覚が研ぎ澄まされ、集中力とイメージ力が格段に高まります。

【準備するもの】

サイコロ

【ステップ①】

最初に、サイコロはお互いの反対側の面の目の数をたすと、必ず「7」になることを教えます。

サイコロの「1」の面を上に向けたとき、6面を東西南北と上下の6方向で表すと、このようになります。子どもと一緒にサイコロを見ながら確認しましょう。

上（天）＝1
下（地）＝6
右（南）＝5
左（北）＝2
向こう側（東）＝4
手前側（西）＝3

次に、空間設定をし、イメージを伝えます。

「上は青空で、大地は芝生です。
右は南で、南国の海と島が美しく、熱を感じます。
左は北の雪原で、冷気を感じます。

正面は東で、朝日がきれいです。
後ろは西で、星々が輝く夜空です」

今度はサイコロの六面体を、自分の体の六面に当てはめましょう。

まず「きをつけ」の姿勢で立ち、右手を「く」の字にまげて腰に当ててもらい、「今から言うことを、よーくイメージしてね」と伝えます。

「正面は東を向いていて、目の前にはきれいな朝日が見えるよ」
「着ているTシャツの前にはヨット（＝4）の絵が描いてあるよ」
「Tシャツの背中にはゼッケン3が大きく書かれているよ」
「右腕のひじの間には、碁石（＝5）が挟まれているよ」
「左腕は白鳥（＝2）の絵柄のリストバンドをしているよ」

【ステップ②】

子どもに自分の体に対してこのようなイメージを描かせた後、次のように語ります。

「自分の体がサイコロだとイメージしてね。

頭のてっぺんは『1』で、足の裏は『6』ですよ。

正面には朝日が見えますね。

右腕のひじに南国の熱が感じられます。とても暑いです。

左腕には北国の冷気が感じられます。とても冷たいです。

はだしの足の裏には、芝生の冷たさとチクチクした感触が気持ちいいです。

頭の上には青空が広がり、後方には夜空があることが想像できますか？

今、立っている状態なので、サイコロの上部は『1』ですよ」

次に、こんなふうに語ってみましょう。

「その姿勢のまま前方、東に向かってパタンと倒れてみましょう。このときにサイコロの上部の目は何かな？」

（そのときのサイコロの目は、背中のゼッケン「3」が上部にきていることを確認します）

「今、顔が芝生にくっついているので芝生の香りがします。右腕のひじには南国の熱を感じたままで、左腕は北風に冷やされています。もう一度東に向かってパタンと回転してみましょう。逆立ちした状態なので、頭のてっぺんが痛いかな？　このときのサイコロの上部の目は何でしょう？」

（そのときは足の裏が上部にきているので、目は「6」ですね）

「右腕はさっきと同じで南国の熱を感じ

たままです。さらに東に向かってパタンと倒れてみたら、背中に芝生の冷たさとチクチクが感じられます。仰向けの状態ですから、目の前には青空が広がっています。このときのサイコロの上部の目は？」

（そのとき体は仰向けになっています。着ているTシャツの絵柄がヨットなので、サイコロ上部は「4」です）

「今は右ひじには南国の熱が感じられて、足の裏は朝日に向かっています。今度は、北のほうにパタンと回転してみましょう。すると、左腕に全体重がのしかかっているので圧迫され、芝生のチクチクが感じられます。背中には南国の熱が暑く、顔面には北風が吹いてきてとても冷たいです。今のサイコロの上部の目は何かな？」

（そのときは腰に当てた右腕が上部にきているので、右腕に挟んだ碁石「5」が上にきています）

「今は足の裏が東の朝日に向いて、左腕に全体重が乗っているので左腕がしびれています。今度は、西にパタンと回転しましょう。そうしたら、また逆立ち状態になり､頭のてっぺんが痛いです。顔面は冷たい風に吹きつけられとても冷たいです。今のサイコロの上部の目は何かな？」

（今は逆立ちの状態なので、足の裏「6」がサイコロ上部の目になっています）

自分の体の位置状態が、景色や熱、皮膚感覚で確認できるようになると、自分の体と一体化したサイコロの目も同時に分かります。

前記の内容は、中学受験の問題ではこのように出題されます。

「サイコロの上の目が1のとき、右（南）が5で、手前（西）が3の状態で置かれています。このサイコロを東に3回、その次に北に1回、最後に西に1回、回転させたときのサイコロ上部の目の数を答えなさい」

このような、サイコロを体に見立てたイメージトレーニングをあそびの中でくり返すと、空間認識能力が高まるだけでなく、皮膚感覚の寒暖や嗅覚のイメージも同時に敏感になってきます。

五感でイメージができるようになると、抜群の集中力を発揮できるようになり、学習能力が格段に高まります。

高学年の最後に——中学校へ上がる前に暗示をかける

子どもたちはみんな、自分では気づいていない素晴らしい能力を秘めています。

私の塾では毎年、小学6年生から中学へ進学する生徒たちにある暗示を与えます。

小学校も卒業が近づいた2月、私は彼らにこう伝えます。

「皆さんは、中学生になったら優秀な成績を収め、優等生と評価されるようになります」

生徒たちは、はじめは「なぜ？」「本当かなぁ？」と半信半疑です。

もちろん私は本気だし、彼らにはその能力があることを確信して話しています。他府県ではどうかは分りませんが、私の住む地域の小学校では、テスト結果の順位の発表がないので、生徒間で学力の順位は分かりません。しかし、中学に進学したら、中間テストや期末テストのたびに席次が発表され、順位が分かります。

2月の時点で、中学校には中間テストがあることや、席次が発表されることを知っている小学生はまずいませんし、いたとしても、その時期から席次上位を狙って努力している6年生は皆無に等しいでしょう。まずそのことを彼らに伝えます。

「だから今から準備をすればほぼ間違いなく、5教科満点あるいはそれに近い得点を取ることができます。皆さんの先輩たちはそのようにして学年トップクラスの成績を得てきたのです。そして、中学校最初のテスト結果は『自己像（セルフイメージ）』となり、中学校の3年間はもちろん、将来にわたってそのように行動するので、この時期が人生を変える大きなチャンスなのです」

そのように言って「挑戦してみませんか？」と投げかけると、多くの生徒は目つきと行動が変わり始めます。一生懸命に努力し始めるのです。「夢や目標が実現しそうだ！」という未来に対する心地よいイメージが子どもたちの行動を変えるのです。そして望み通りの結果を得たとき、彼らは努力の価値や目標設定の大切さなど、多くの学びを得ます。

小学生のときには起こらなかったことが、席次のある中学校では起こるのです。そこで成績が上位であれば、親や親戚からはもちろん、部活動の先輩や周囲の同級生から称賛のシャワーを浴びるでしょう。小学校の世界には存在しなかったその変化こそが、人生の変わり目の機会であり、人生の中では数少ないチャンスかもしれません。

「君にはできる」という暗示の力によって、彼らの未来に大きな影響を与えることができるのです。

おわりに

最後までお読みいただき、ありがとうございました。

私は現在、フランチャイジーとしてEQWELチャイルドアカデミーの教室を運営しています。平成6年（1994年）から幼児教育に携わり、約30年間、右脳教育の素晴らしさをこの目で見て、体験してきました。

わが子もその理論で育てました。実験台として、というと聞こえが悪いですが、よかれと信じて息子と共に歩んできた結果、県内最難関の中学に合格し、難関大学として認知されている大学を卒業できたことは、それなりの成果であったと思います。

右脳教育を知ったとき、私自身が児童生徒の頃にこの教育を受けていたなら、私の人生は間違いなく今以上のモノになっていたはず。もし時間が巻き戻せるなら戻りたい……。そう願わずにはいられないほどの衝撃を受けたことを覚えています。

それ以来、私は右脳教育の魅力にとりつかれ、自らも教材を開発しながら多くの子どもたちと関わってきました。そして、そこから得た結果は「確信」になりました。

もともと私は進学塾の経営をしており、「いかにして子どもたちの学力を伸ばし、志望校に合格させるか」を一番のテーマとして児童生徒と向き合っていましたが、その後、右脳教育の何たるかを知り、子どもたちに施すようになってからは、地域ナンバーワンの合格実績を出し続けるようになったのです。

ＥＱＷＥＬチャイルドアカデミーの指導法は年々進化し、どんどん新しい指導法が生まれています。限られたレッスンの時間内に、それら全てを入れ込むことは不可能なので、取捨選択し、現在のカリキュラムが出来上がっています。

かつては人気を博したプログラムでも、現在は提供されていないものも多く存在します。しかし、それらが陳腐化してしまったわけではなく、十分に効果の高い指導法であることは間違いありません。実は、本書で紹介した内容こそが、それらのプログラムです。このたび書き下ろした具体的なあそびや勉強法は、現在教室で提供されていない内容や私個人が開発したものに留めるよう配慮しました。よって、この本を読み、実践することで本書の内容を手に入れることできますが、現在ＥＱＷＥＬチャイルドアカデミーで提供している指導法は、教室に通うことで享受することができます。

この本をきっかけとして、皆さんとＥＱＷＥＬチャイルドアカデミーとのご縁につながることも私の願いの一つです。

今回、この本を手に取ってくださった皆様が、お子さまの天才性を開発させ、加えて強く優しい心を育んでいただけますことを心より祈念し、あとがきといたします。

２０２３年７月　　喜納康光

著者プロフィール

喜納康光（きな・やすみつ）

有限会社スキップヒューマンワーク代表取締役。

1962 年沖縄県北中城村（きたなかぐすくそん）生まれ。

米国ジョージア州ブリュートンパーカー大学卒業。米国ワシントン州ビッグベンド大学卒業。米国ワシントン州セントラル・ワシントン大学中退。

沖縄で四谷大塚や、東進などの教室を開校し、東大・早慶大等に進学させる一貫教育の塾を 35 年間経営。現在は胎教から大学受験、さらに社会人も含めた生涯教育をモットーに、以下の８つの事業を展開する。
・ＥＱＷＥＬチャイルドアカデミー沖縄ヒカリ教室（胎教・幼児教育）
・四谷大塚ＮＥＴ（中学受験）
・東進中学ＮＥＴ（大学受験）
・共学琉大セミナー（中学・高校受験）
・東進衛星予備校沖縄プラザハウス校（大学受験）
・目の学校沖縄泡瀬校（小学生向け能力開発）
・イプラスジム泡瀬（中学生以上向け脳トレ）
・ＬＥＣ沖縄プラザハウス校（資格取得）
全国各地で教育関係者や企業に向けて講演活動を行うほか、マイナス０歳児から社会人までの「脳トレ専門家」として、業界からも一目置かれている。

企画協力　株式会社天才工場　吉田　浩
編集協力　青木より子
組　　版　横須賀　文
装　　幀　ごぼうデザイン事務所
校　　正　須藤一郎

「天才脳」は 12 歳までに育つ
右脳教育で“知の器”は無限大に！

2023 年 8 月 30 日　第 1 刷発行

著　者　　喜納康光
発行者　　松本　威
発　行　　合同フォレスト株式会社
郵便番号　184-0001
東京都小金井市関野町 1-6-10
電話 042（401）2939　FAX 042（401）2931
振替 00170-4-324578
ホームページ https://www.godo-forest.co.jp
発　売　　合同出版株式会社
郵便番号　184-0001
東京都小金井市関野町 1-6-10
電　話　　042（401）2930　FAX 042（401）2931
印刷・製本　恒信印刷株式会社

ISBN 978-4-7726-6235-2　NDC 376　188 × 130

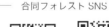